ahnhof.

Bei der Deutschen Reichsbahn-Gesellschaft trug die LE V ab 1924 die Nummer 99 075. In Eichstätt Bahnhof, wo die Schmalspurzüge am Bahnhofsvorplatz abfuhren, setzt sie sich vor einen Zug zur Stadt. Rechts das Dolomitschotterwerk.

Die Geschichte der Altmühltalbahn

Im Schülerverkehr setzte die Deutsche Bundesbahn morgens und mittags dreiteilige Schienenbusgarnituren ein. Am 20. Mai 1983 fährt der Dreiteiler aus 798 784 (Motorwagen), 998 078 (Beiwagen) und 998 636 (Steuerwagen) unterhalb der Willibaldsburg von der Stadt zum Bahnhof.

Leonhard Bergsteiner

Die Geschichte der Altmühltalbahn

Auf Meter- und Normalspur unterwegs zwischen Eichstätt, Kinding und Beilngries

Für meine Familie

SUTTON

Lokführer Peter König aus Aue ist für seine gemalten Eisenbahnmotive bekannt. Hier ist die 99 151 (Gts 4/4) mit einem Personenzug beim Überqueren der Brücke über das Eichstätter Freiwasser zu sehen. Im Hintergrund Kloster und Kirche St. Walburg, Rathausturm und die Türme des Willibaldsdoms (von links).

Einband vorn: Eine Eichstätter Rarität: Nach Elektrifizierung der Hauptbahn lief der „Gläserne Zug" ET 91 01 (491 001) wiederholt den Stadtbahnhof an, auf dem stromlosen Streckenstück von einer Köf oder einem VT 98 geschleppt. Am 13. April 1979 hat der 798 784 diese Aufgabe übernommen.
Vorsatz: Die Ansichtskarte aus der Zeit um 1900 zeigt die Anlagen der Schmalspurbahn in Eichstätt Bahnhof: Bahnsteig vor dem Empfangsgebäude, Umsetzanlage zum Aufschemeln von Normalspurwagen, Güterschuppen, Rollbockgrube von 1885, Umladekran für Stammholz (von rechts).
Nachsatz: Unterhalb der Willibaldsburg ist am 9. Oktober 2022 der Triebwagen 648 720 (LINT 41) der Bayerischen Regiobahn (BRB) auf der Altmühltalbahn nach Eichstätt unterwegs. Er trägt die Anschrift „Mit uns nach Dießen".
Einband hinten: Am Eichstätter Lokschuppen wurden 99 074, 99 073 und 99 151 aufgenommen. Gut erkennbar ist die Übergangstür in der Führerhausrückwand der 99 151.

Impressum

Sutton Verlag GmbH
Schweickhardtstraße 1
72072 Tübingen
www.suttonverlag.de

ISBN: 978-3-96303-158-8
Printed in Poland by CGS
Gestaltung und Herstellung: Sutton Verlag

Inhalt

Deutsche Bundesbahn
70 089

Der Schienenbus 798 784 mit Steuerwagen 998 636 verlässt am Nachmittag des 20. Mai 1983 den Schneckenbergtunnel und fährt am Dienstwohngebäude vorbei in Eichstätt Bahnhof ein. Das markante Bauwerk wurde 1991 abgebrochen. Heute befindet sich hier ein Pendlerparkplatz.

◂ 70 089 (Bw Ingolstadt) im Juli 1953 vor dem Eichstätter Lokschuppen.

Einleitung

Am 6. Oktober 1934 hieß es endgültig Abschied nehmen von der meterspurigen Schmalspurbahn Eichstätt Bahnhof–Eichstätt Stadt–Kipfenberg–Kinding im Altmühltal. Um 12.23 Uhr verließen die festlich geschmückten Dampflokomotiven 99 151 und 99 075 mit dem letzten Schmalspurzug den Eichstätter Stadtbahnhof. Zwanzig Minuten später war Eichstätt Bahnhof an der Hauptstrecke Ingolstadt–Treuchtlingen erreicht. Allen Unzulänglichkeiten und Unfällen zum Trotz hatte die Lokalbahn Eichstätt 49 Jahre und 22 Tage lang ihren Dienst verrichtet. Endstation!

Am darauffolgenden Sonntag, den 7. Oktober 1934, wurde die normalspurige Altmühltalbahn Eichstätt–Kipfenberg–Kinding–Beilngries mit einem Sonderzug aus München und Freifahrten für die Bevölkerung feierlich eröffnet.

Die Initiative zum Bau einer Eisenbahn durch das Altmühltal ging 1858 von der Stadt Eichstätt unter Bürgermeister Fehlner aus. Unerbittlich kämpfte sie für einen Bahnbau entlang ihrer Stadtgrenze, doch der Wunsch blieb unerfüllt. Die von 1865 bis 1870 gebaute Hauptbahn München–Ingolstadt–Treuchtlingen–Gunzenhausen/Pleinfeld wurde aus betriebstechnischen und finanziellen Gründen in einer Entfernung von fünf Kilometern an der Bischofsstadt im Altmühltal vorbeigeführt.

Merkwürdigerweise gab es später Gerüchte, die Stadt sei nie an einem Bahnanschluss interessiert gewesen, habe die Bahn gar nicht gewollt, ja geradezu bekämpft. Neben zunächst harmlosen Scherzen entstanden dafür auch bitterböse Begründungen, wie die Lässigkeit und Kurzsichtigkeit der Bürgerschaft, die Unfähigkeit des Bürgermeisters, der die Stadt angeblich nicht aus ihrem „Dornröschenschlaf“ erwecken wollte, geschicktes Taktieren und geheime Umtriebe von Domkapitel und Bischof, die den Verfall von Sitte und Moral befürchteten, und nicht zuletzt die Verstocktheit der damaligen Eisenbahnbürokratie selbst. Diese Umstände sollten die heutige Linienführung der Hauptstrecke erklären.

Dass diese Behauptungen nicht der Wahrheit entsprechen, zeigen die Unterlagen des Stadtarchivs Eichstätt, des Verkehrsarchivs Nürnberg und des Bayerischen Hauptstaatsarchivs München. Sie wurden vom Verfasser bereits in seinen vergriffenen Büchern „Eisenbahnen im Altmühltal“ und „Die Nebenbahn Eichstätt–Beilngries“ widerlegt.

Eichstätt kämpfte weiter um einen Anschluss zur Stadt. Bemühungen um eine normalspurige Vicinalbahn mit möglicher Weiterführung ins Tal nach Kipfenberg scheiterten aus finanziellen Gründen. An den Kosten einer ins Auge gefassten privaten bzw. städtischen Straßen-Lokomotiv-Bahn wollte sich der Staat nicht beteiligen. Schließlich ermöglichten die bayerischen Lokalbahngesetze von 1882 und 1884 den staatlichen Bahnbau unter finanzieller Beteiligung der Interessenten. Die nach dem Vorbild der Feldabahn in Thüringen als Schmalspurbahn ausgeführte Stammstrecke Eichstätt Bahnhof–Eichstätt Stadt (5,1 Kilometer) ging am 15. September 1885 in Betrieb und wurde am 7. November 1898 um 30,2 Kilometer bis Kinding

(„Talstrecke") verlängert. Greding und Beilngries, die 1888 einen Lokalbahnanschluss nach Roth bzw. Neumarkt (Oberpfalz) erhalten hatten, mussten auf den Lückenschluss nach Kinding verzichten.

Als „Notstandsarbeit" mit Unterbrechungen durch inflationsbedingte Baustopps wurde ab 1922 die Verbindung Beilngries–Kinding in Normalspur ausgeführt und 1929 als Güternebenbahn eröffnet. Die Umspurung der Schmalspurbahn verzögerte sich. Die Normalspurbahn erreichte Kipfenberg im Mai 1930 und Eichstätt Stadt im Dezember 1932. Beim Umbau der Stammstrecke kreisten alle Projekte um die Frage: Schneckenbergtunnel ja oder nein? So schlug Prof. Bäseler, Erbauer der Oberweißbacher Bergbahn im Thüringer Wald, eine Seilanlage mit Gegengewicht zur Überwindung der Höhenstufe zwischen Wasserzell und dem Bahnhof vor. Schließlich einigte man sich auf die heutige Normalspurtrasse mit Tunnel unter dem Schneckenberg.

Der in den 1950er-Jahren anwachsende Straßenverkehr führte auch im Altmühltal zur Stilllegung vieler Nebenbahnkilometer. Zum Fahrplanwechsel im Oktober 1955 stellte die Deutsche Bundesbahn (DB) den Personenverkehr zwischen Kipfenberg und Beilngries „aus technischen Gründen" ein. Die Kosten einer Sanierung des aus den 1930er-Jahren stammenden Oberbaus und der Brücken bei Kinding wollte die Bahn nicht schultern, stellte die Altmühltalbahn östlich von Eichstätt doch eine der unwirtschaftlichsten Strecken im Bezirk der Münchener Direktion dar. Das Ende des Personenverkehrs auf der Schiene von Kipfenberg nach Eichstätt Stadt kam mit dem Sommerfahrplan 1960. Hatte sich die Bahn schon in den 1950er-Jahren mit dem Bahnbus im Tal eine hauseigene Konkurrenz geschaffen, so wurde dieser nun das Feld ganz überlassen. Der Güterverkehr zwischen Kinding und Kipfenberg hielt sich bis zum 1. Oktober 1970. Am 2. Juni 1973 war auch von dort nach Eichstätt Stadt Schluss. Auf einem Teil der Talstrecke verläuft heute der Altmühltal-Radweg. Von den Stationsgebäuden blieben nur die beiden Kindinger Bahnhöfe erhalten.

Die Bahnanlagen in Eichstätt Stadt wurden von der DB nach 1960 sukzessive zurückgebaut und später verkauft. Auf dem Gelände des Personenbahnhofs entstanden an der B 13 eine Wohnanlage und ein Supermarkt mit Parkplatz, auf dem Gelände des Güterbahnhofs die neue Spitalstadt. Die Holzverladung erfolgt heute in Eichstätt Bahnhof dort, wo sich bis 1934 eine Rollbockgrube und der Umladekran für Stammholz der Schmalspurbahn befanden.

Dank der Regionalisierung ist der Zugverkehr zwischen Eichstätt Bahnhof und Eichstätt Stadt gesichert. Der Stadtbahnhof mit Busbahnhof wurde 2015 barrierefrei ausgebaut. Seit Dezember 2006 gibt es im Tal an der Schnellfahrstrecke den Bahnhof Kinding (Altmühltal). Zweistündlich halten hier die Züge des München-Nürnberg-Expresses.

Die Eröffnung der Talstrecke Eichstätt Stadt–Kinding vor 125 Jahren am 7. November 1898 ist für Autor und Verlag Anlass, mit diesem Buch die Erinnerung an die Altmühltalbahn wachzuhalten bzw. das Interesse an deren Geschichte zu wecken. Wer die Altmühltalbahn auch im Film erleben möchte, kann in der SWR-Mediatek die Folge 851 „Die Altmühlbahn" aufrufen: www.swrfernsehen.de/eisenbahn-romantik/folgen/Die-Altmuehlbahn.

Leonhard Bergsteiner

Auf dieser Luftaufnahme (Mai 2023) schweift der Blick vom Bahnhof Eichstätt (unten) ins Altmühltal vorbei an Wasserzell, den Steghäusern, dem Kloster Rebdorf, der Hofmühl-Brauerei und der Willibaldsburg bis zur Stadt Eichstätt mit dem Kloster St. Walburg.

1

Hauptbahn an Eichstätt vorbei

„Wer als Fremder erstmals in Eichstätt-Bahnhof den Zug der Hauptbahn verläßt, wird erstaunt sein, an Stelle der erwarteten Bischofsstadt kahle Felswände anzutreffen, aus deren Engpässen ihn erst eine Schmalspurbahn ans erwünschte Ziel bringt. Seine Verwunderung über die Entfernung Eichstätts von der Hauptstrecke wird umso mehr wachsen, wenn er sich die Verkehrsbedeutung der Stadt zur Zeit der Erbauung der Hauptbahn vergegenwärtigt und wenn er das Altmühltal bei Eichstätt sieht, das gegenüber vielen anderen von wichtigen Durchgangslinien durchzogenen Gebirgstälern vergleichsweise ansehnlich breit ist."

Mit diesen Worten leitete Dr. Otmar Maier, München, am 10. Dezember 1928 einen Vortrag vor dem Historischen Verein Eichstätt zum Thema „Der Anschluss Eichstätts an das bayerische Eisenbahnnetz" ein.

Der Bahnhof Eichstätt liegt auf einer aus dem Westabhang des Schneckenbergs gesprengten Terrasse. Die Schmalspurbahn fuhr vom Bahnhofsvorplatz ab und benutzte in Richtung Stadt die Landstraße zwischen dem Schneckenberg (rechts) und dem Wechselwärterhaus (links) im Hintergrund.

Die Königlich Bayerischen Staatseisenbahnen verfügten Ende des Jahres 1854 über ein Streckennetz von nahezu 1.000 Kilometern Länge. Zur Vermeidung des zeitraubenden Umwegs der Ludwig-Süd-Nord-Bahn über Donauwörth und Nördlingen fehlte aber eine direkte Strecke von München nach Nürnberg unter Einbeziehung der Landesfestung Ingolstadt.

Erste Bestrebungen für eine Bahn von München über Ingolstadt nach Eichstätt und weiter im Altmühltal nach Gunzenhausen bzw. Pleinfeld leitete ein Schreiben aus Eichstätt vom 20. März 1858 ein. Dabei handelte es sich um das Ergebnis einer vom Eichstätter Bürgermeister Georg Fehlner organisierten Versammlung, auf der die Bürgermeister von Ellingen, Weißenburg, Pappenheim, Eichstätt, Ingolstadt, Pfaffenhofen und Freising eine Petition verfassten, mit der sie König Maximilian II. um den Bau einer durch die genannten Städte führenden Eisenbahnlinie auf Staatskosten baten. Im Altmühltal versprach man sich wirtschaftlichen Aufschwung durch den Güterverkehr, besonders für die Steinbrüche um Solnhofen und Eichstätt sowie das Obereichstätter Hüttenwerk. Daneben hob das Schreiben die Bedeutung der Bahn für die bayerische Hauptlandesfestung Ingolstadt hervor.

Das Gesuch wurde in München mit „Novum" bezeichnet; eine Referatsnote nannte das Projekt „naturgemäß und entsprechend", aber „sehr verfrüht". Folglich erklärte das Königliche Staatsministerium des Handels und der öffentlichen Arbeiten am 1. Juni 1858, dass es derzeit nicht in der Lage sei, den Antrag einer näheren Würdigung zu unterziehen.

Als die Städte Altdorf bei Nürnberg, Neumarkt und Beilngries mit zahlreichen Petitionen der noch nicht vorhandenen Bahn ab Ingolstadt eine ganz andere Richtung geben wollten, ließ das Ministerium 1860 von der Generaldirektion der königlichen Verkehrsanstalten allgemeine Untersuchungen durchführen. Im Frühjahr 1860 nahm diese der „königlich functionierende Oberingenieur" Heinrich Balbier von Pleinfeld ausgehend vor. Aufgrund der Lage Eichstätts im engen Flusstal sah er Probleme bei der Anbindung der Bischofsstadt und meinte beim Mittagessen in einem Eichstätter Gasthof: „Man kommt nach Eichstätt nicht hinein und nicht heraus." In seinem Bericht nannte Balbier mehrere Möglichkeiten für eine Bahnführung zwischen Ingolstadt und Treuchtlingen.

Doch alle Gesuche eilten dem realen Planungsfortschritt weit voraus. Der Gesetzesvorschlag der Staatsregierung, eine Bahn von München zur bayerischen Landesfestung Ingolstadt zu bauen, fand 1861 nicht die Zustimmung des Landtags. Dieser erachtete zwar den Anschluss Ingolstadts an das Eisenbahnnetz als notwendig, konnte sich aber über die Richtung nicht schlüssig werden: Süd-Nord- (München–Ingolstadt–Nürnberg) oder Ost-West-Richtung (Regensburg–Ingolstadt–Ulm). Zur Klärung des Sachverhalts ordnete er weitere Erhebungen an und beauftragte die Generaldirektion mit der generellen Projektierung der betreffenden Strecken sowie der Erstellung summarischer Kostenvoranschläge.

Aus dem Altmühltal wandte man sich am 10. August 1862 erneut an den „Allerdurchlauchtigsten Großmächtigsten König" und verwies gegenüber der Wettbewerbslinie über Beilngries und Neumarkt auf die Wirtschaftlichkeit der Altmühlbahn: Eichstätt stellte 400.000, Solnhofen 500.000 Zentner Steine, das Hüttenwerk Obereichstätt 100.000 Zentner zur Verfrachtung in Aussicht. Man vergaß auch nicht, den Nutzen der Bahn für die Waldungen des Staats zu betonen.

Beim Bau der Hauptbahn mussten zur Überquerung des Hirschgrunds südlich und nördlich des künftigen Bahnhofs Eichstätt Dämme aufgeschüttet werden. Man verwendete dazu das bei den Sprengungen für die etwa 250 Meter breite und 1.500 Meter lange Bahnhofsterrasse angefallene Juragestein.

Im Frühjahr 1870 war der 32 Meter hohe Bahndamm an der Bahnhofsausfahrt in Richtung Treuchtlingen fertiggestellt (Ansicht aus westlicher Richtung; vgl. Luftaufnahme S. 10). Die Landstraße von Ochsenfeld nach Wasserzell führt darunter hindurch.

Die Bemühungen hatten Erfolg. Am 5. Oktober 1863 unterzeichnete König Maximilian II. das „Gesetz, die Vervollständigung und weitere Ausdehnung der bayerischen Staatsbahnen betreffend“, welches für den Bau einer Eisenbahn von München über Ingolstadt zum Anschluss an die Ludwig-Süd-Nord-Bahn bei Gunzenhausen mit einer Abzweigung nach Pleinfeld die Summe von 19 Mio. Gulden (32,5 Mio. Mark nach der Währungsumstellung von 1871; 1 Gulden entsprach 1,71 Goldmark) bewilligte.

Von den Eichstättern wurde dies jubelnd gefeiert. Mit Musik zog man vor die Wohnung des Bürgermeisters, um ihn hochleben zu lassen. Als aber die Begeisterung verflogen war, kamen Bedenken auf: Zum einen war keine endgültige Linienführung im Gesetz festgelegt, zum anderen musste die Begrenzung der Mittel die Techniker dazu veranlassen, eine möglichst billige Bahnführung zu finden. Als im Frühjahr 1864 die Vermesser bei ihren Arbeiten Eichstätt links liegen ließen, versuchte man im Juli 1864 mit einer erneuten Eingabe der Bahn die gewünschte Richtung über Pfünz, Eichstätt und Obereichstätt zu geben. Man erreichte damit immerhin, dass auch die Eichstätter Wünsche in die Untersuchungen einbezogen wurden.

Während der Bahnbau von München nach Ingolstadt am 27. Februar 1865 begonnen hatte, legte die Generaldirektion dem König erst am 28. März fünf Vorschläge zur Weiterführung der Bahn ab Ingolstadt vor.

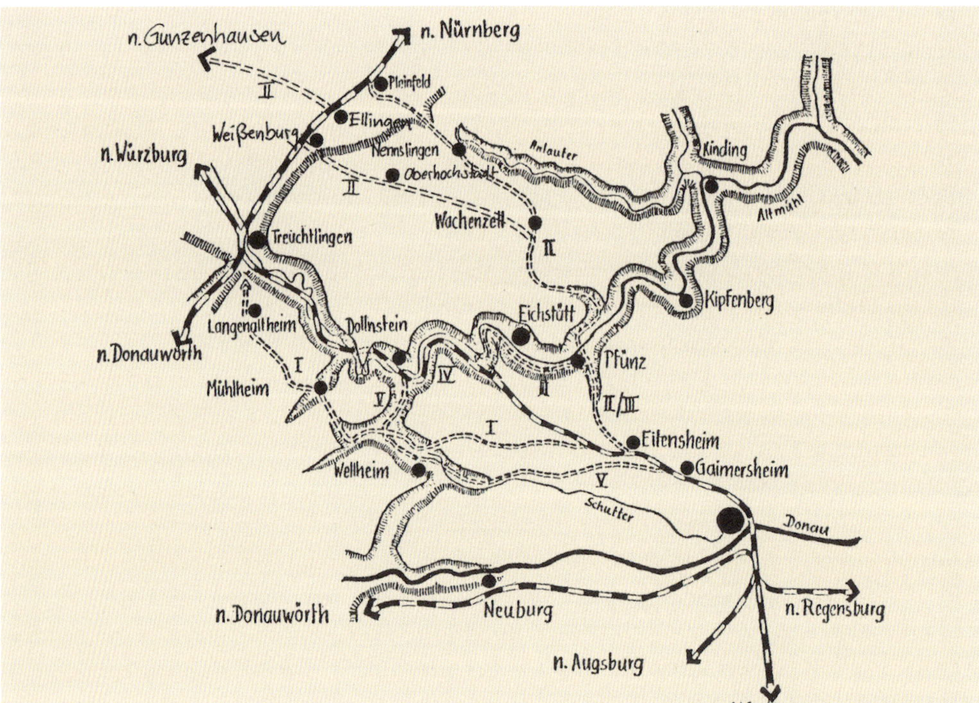

Fünf Varianten wurden in Hinblick auf die Führung der Hauptbahn zwischen Ingolstadt und Treuchtlingen/Pleinfeld/Gunzenhausen untersucht. Ausgeführt wurde die in einer Entfernung von fünf Kilometern an Eichstätt vorbeiführende Variante IV.

Davon schieden die Linien I und II aufgrund langer Steigungsabschnitte von 1:100, künstlicher Längenentwicklung und vieler Kunstbauten als nicht bauwürdig aus:

I Ingolstadt–Eitensheim–Konstein-Langenaltheim–Treuchtlingen,

II Ingolstadt–Eitensheim–Pfünz–Wachenzell–Weißenburg–Gunzenhausen bzw. Wachenzell–Nennslingen–Pleinfeld.

Die drei anderen Linien wurden in die engere Wahl gezogen:

III Ingolstadt–Eitensheim–Pfünz–Eichstätt–Obereichstätt–Dollnstein, die Wunschlinie der Stadt Eichstätt, mit 11,45 Bahnstunden (rund 42,5 Kilometer; 1 Wegstunde entspricht 3,71 Kilometern) die längste Strecke, wies 60 Prozent in der Geraden und 40 Prozent in Bögen auf. Bei 40 Prozent der Linie betrug die Höchststeigung 1:200, ohne Steigung blieben nur 39 Prozent. Große Sprengungen bei Pfünz, fünf Altmühlbrücken zwischen Pfünz und Dollnstein (zus. 730 Meter) sowie ein 600 Meter langer Tunnel unter dem Frauenberg bei Eichstätt ergaben einen Kostenaufwand von 6,25 Mio. Gulden.

IV Ingolstadt–Eitensheim–Adelschlag–Wasserzell–Obereichstätt–Dollnstein, die heutige Hauptbahn, war bei 66 Prozent in der Geraden 10,87 Bahnstunden (rund 40 Kilometer) lang. Sie erforderte auf fünf Kilometern Länge einen Anstieg von 1:125 und umfangreiche Felssprengungen im Bereich der späteren Station Eichstätt Bahnhof bei Wasserzell. Dafür waren kein Tunnel und nur eine Altmühlbrücke bei Dollnstein (140 Meter) nötig. Der Kostenaufwand betrug 4,75 Mio. Gulden.

V Ingolstadt–Gaimersheim–Nassenfels–Wellheim–Dollnstein führte durch das dünn besiedelte Schuttertal und hatte mit 10,28 Bahnstunden (rund 38 Kilometer) die geringste Länge, hiervon 67 Prozent in der Geraden. Die Höchststeigung betrug nur 1:375, die Erdarbeiten waren mäßig. Allerdings erforderte sie außer einer Altmühlbrücke (160 Meter) weitere fünf Brücken (zus. 260 Meter) über die Schutter und zwei Tunnel (zus. 400 Meter). Dennoch betrug der Kostenaufwand nur 4,25 Mio. Gulden.

Während die parlamentarische Erörterung die Linie III befürwortete, entschieden sich die Techniker für die Linie V, die „Schuttertallinie", für welche die geringste Längenausdehnung, der niedrigste Baukostenaufwand und die günstigsten Betriebsverhältnisse sprachen.

Eichstätt konnte sich den technischen und finanziellen Aspekten gegen die favorisierte Linie III nicht entziehen und wandte alle Energie für die Realisierung der Linie IV auf. In zahlreichen Eingaben, die auch der damalige Bischof Georg von Oettl unterstützte, wies man mit Nachdruck auf die Bedeutung der Bahn für Eichstätt als Bischofssitz, Standort eines Gymnasiums, eines Lyzeums, eines Priester- und Schullehrer-Seminars und Zentrum einer produktenreichen Umgebung, welche für genügend Frachtaufkommen sorgen werde, hin. Bürgermeister Fehlner trug in einer Audienz bei König Ludwig II. am 12. Januar 1866 die Wünsche und Probleme der Stadt vor. Er sprach später von einem „königlichen Freund", der sich für die Belange Eichstätts einsetzen und den Bau der „Schuttertallinie" nicht billigen werde.

Im Kabinettsbescheid vom 24. Januar räumte Ludwig II. der Linie über Adelschlag ein volkswirtschaftliches Übergewicht gegenüber der „Schuttertallinie" ein, welche „eine große Calamität für Eichstätt wäre und die Zukunft dieser Stadt gefährden würde".

Am 26. November 1866 beantragte das Ministerium beim König den Bau der Altmühlbahn über Wasserzell mit der Begründung, eine Stadt wie Eichstätt könne nicht ohne Bahnanschluss bleiben. Im Falle einer Ausführung der „Schuttertallinie" werde man bald genötigt sein, eine Seitenlinie von Dollnstein nach Eichstätt zu bauen, wodurch bei etwa 1,5 Mio. Gulden Kostenaufwand doch wieder nur eine halbe Sache geschaffen sei.

Am 9. Januar 1867 unterzeichnete Ludwig II. den Kabinettsbescheid und fügte hinzu: „Indem Ich diesen Antrag genehmige, spreche Ich Meine besondere Befriedigung darüber aus, daß es möglich war, bei Festsetzung der Eisenbahnlinie auch die Interessen der Stadt Eichstätt wahrzunehmen." Zwei Tage später erhielt die Generaldirektion den Bauauftrag, am 10. August 1867 waren die Grunderwerbungen abgeschlossen und noch bevor der erste Zug aus München am 14. November 1867 Ingolstadt erreicht hatte, wurde mit dem Weiterbau bis Treuchtlingen begonnen.

Umfangreiche Erdarbeiten und Felssprengungen waren notwendig, um aus dem Westabhang des Schneckenbergs südlich von Wasserzell eine durchschnittlich 250 Meter breite und 1.500 Meter lange Terrasse für den Eichstätter Bahnhof zu gewinnen. Um den südlich und nördlich davon verlaufenden Hirschgrund zu überqueren, verwendete man das bei den Sprengungen angefallene Juragestein zur Errichtung zweier Dämme, von denen der bei Wasserzell eine Höhe von 32 Metern erreichte. Nördlich der Station erfolgte nach einem Felseinschnitt am Hang entlang die Absenkung der Strecke ins Tal der Altmühl.

Ab 2. Oktober 1869 verkehrten die Züge von Treuchtlingen nach Gunzenhausen bzw. Pleinfeld (42 Kilometer). Nach drei Jahren Bauzeit erfolgte am 10. April 1870 die technische Abnahme des letzten, 55,5 Kilometer langen Teilstücks der bahnamtlich „Altmühlbahn" genannten Strecke. Dabei wurde auch das diensttuende Personal, insgesamt zwischen Ingolstadt und Treuchtlingen vier Bahnmeister, 23 Wechselwärter und 34 Bahnwärter, eingewiesen und verpflichtet. Der Gesamtkostenaufwand belief sich unter beträchtlicher Überschreitung (4,5 Mio. Mark) des Kostenvoranschlags auf 36,7 Mio. Mark, der kilometrische Aufwand auf 205.687 Mark. Zum Vergleich: Die gleichzeitig erbaute Strecke München–Rosenheim erforderte nur 106.000 Mark je Kilometer.

Mit einem festlich geschmückten, aus fünf Wagen gebildeten Sonderzug fand am 12. April 1870 die offizielle Eröffnung der Strecke statt. Besonders feierlich wurde der Eröffnungstag in Dollnstein begangen. Auf ein Danktelegramm antwortete Ludwig II.: „Se. Majestät der König von dem soeben erhaltenen Huldigungs-Telegramm aufs angenehmste berührt lassen der getreuen Marktgemeinde Dollnstein allerhöchst ihren Dank und freundlichen Gruß entbieten."

Anders in Eichstätt: Nach dem heiß erkämpften Bahnbau hätte man Freude über die Bahneröffnung erwarten können. Die Stadtchronik enthält keinerlei Notiz und der „Eichstätter Kurier" berichtete lediglich von zahlreichen Neugierigen, die am Sonntag nach der Eröffnung am Bahnhof die Züge betrachteten und bedauerten, dass die Bahn so weit von der Stadt entfernt sei. Mit diesem Missklang schließt das erste Kapitel Eichstätter Bahngeschichte. Dabei war nicht zu verkennen, dass die Stadt Eichstätt durch die Linienführung einen erheblichen Erfolg erkämpft hatte und immerhin in die nächste Nähe einer der wichtigsten bayerischen Strecken gerückt war. Das Bemühen um eine Verbindungsbahn vom Bahnhof zur Stadt und weiter ins Altmühltal konnte beginnen!

„Ausfahrender Eilzug mit Maffei-Lok S 3/6" notierte Dr. Mager auf der Rückseite der am 3. Oktober 1910 in Eichstätt Bahnhof entstandenen Aufnahme. Links ist das Gleis der Schmalspurbahn zur Stadt zu erkennen. ▲

Bis in die 1930er-Jahre bestimmte die bay. P 3/5 H das Bild der Personenzüge zwischen München und Nürnberg durch das Altmühltal. Aus Treuchtlingen kommend fährt die 38 418 mit einem Personenzug in den Bahnhof Eichstätt ein.

Um 1895 fällt der Blick vom Frauenberg auf Eichstätt: In der Bildmitte rechts vor den Altmühlwiesen der Stadtbahnhof von 1885 mit dem Bahnhofsgebäude und dem Lokschuppen des ersten Lokbahnhofs.

2

Schmalspurbahn Eichstätt Bahnhof–Eichstätt Stadt

In den ersten vier Jahren nach Eröffnung der Hauptbahn verzeichnete der Bahnhof Eichstätt folgendes Verkehrsaufkommen: 92.894 Reisende, 918.503 Zentner Güter, 4.844 Zentner Gepäck, 1.638 Stück Vieh. Davon stammten 90 Prozent aus Eichstätt selbst.

Während die Stadt beim Kampf um die Streckenführung allein den Versand von 400.000 Zentnern Jurasteinen pro Jahr in Aussicht gestellt hatte, belief sich 1873 die gesamte Gütermenge im Versand und Empfang auf 317.000 Zentner, wovon zwischen Bahnhof und Stadt 286.000 Zentner befördert wurden. Ein anschaulicheres Bild von der Größe dieser Gütermenge ergibt sich, wenn man auf Güterwagen von zehn Tonnen Ladegewicht umrechnet: 317.000 Zentner entsprechen 1.585 Wagenladungen. Bei 312 Arbeitstagen im Jahr entfallen also auf den Arbeitstag etwa fünf Wagenladungen im Versand und Empfang. Auch die Zahl von durchschnittlich 60 ankommenden und abgehenden Reisenden am Tag entsprach nicht ganz den Eichstätter Angaben beim Kampf um die Streckenführung.

Zur Erstausstattung der Eichstätter Schmalspurbahn zählten die beiden 1885 von der Lokomotivfabrik Krauss & Co., München-Mittersendling, gebauten dreiachsigen Tenderlokomotiven LE I und LE II. Eine Werkaufnahme zeigt die LE II Nr. 882 (DRG 99 072) mit Triebwerksverkleidung.

Vicinalbahn oder Straßen-Lokomotiv-Bahn?

Das Magistratsgesuch vom 29. Juni 1874 um den Bau einer Verbindungsbahn zwischen Eichstätt Bahnhof und Eichstätt Stadt stieß daher beim inzwischen für die Staatseisenbahnen zuständigen Ministerium des Kgl. Hauses und des Äußeren auf Ablehnung. Technische, aber vor allem finanzielle Gründe waren ausschlaggebend. Die nach dem Vicinalbahnsystem (Radius 300 Meter, Steigung 1:100) etwa fünf Kilometer lange Strecke hätte 800.000 Gulden (1,371 Mio. Mark) erfordert. Auch alle weiteren Petitionen wie beispielsweise die vom 21. November 1876 für die Eichstätter Verbindungsbahn als Teil einer „Bahnverbindung zwischen Straßburg und resp. Frankreich einerseits, dann Böhmen nebst den dahinter liegenden Ländern andererseits" wurden abschlägig beschieden.

Die äußerst unbefriedigenden Zustände waren nicht zu leugnen: So kostete eine Hin- und Herfahrt Marktplatz–Bahnhof für eine Person mit Gepäck 1,60 Mark, wobei die Stellwagen (vgl. Fahrplan vom 1. Juni 1874) nicht zu den Schnellzügen verkehrten. Für ein Gespann waren sechs bis acht Mark zu bezahlen. Die Fracht für einen Zentner Kohle vom Bahnhof zur Stadt kostete mehr als die Bahnfracht von Zwickau zum Bahnhof Eichstätt.

Die Generaldirektion sah die Klagen über die fehlende Verbindung als berechtigt an und unterbreitete am 28. September 1877 zwei Vorschläge zur Anbindung Eichstätts an die Hauptstrecke:

Die Linie 1 („Kipfenberger Linie") sollte dem Verkehr altmühlabwärts in Richtung Kipfenberg mit Anschluss an die geplante Ingolstadt-Hersbrucker Bahn bei Böhming und den Ludwigskanal bei Beilngries dienen. In der Nähe des Betriebshauptgebäudes Eichstätt musste der Schneckenberg in einem 235 Meter langen Tunnel durchstoßen werden. Die Bahn sollte sich dann am rechten Hang ins Tal absenken, bei Rebdorf den Frauenberg in einem 660 Meter langen Tunnel durchbrechen und über eine Altmühlbrücke den Eichstätter Stadtbahnhof in der Ostenvorstadt erreichen. Eine Verlängerung ins untere Altmühltal bis Kipfenberg mit vier Brücken bei Pfünz, Walting, Böhming und Kipfenberg ergab sich aus dieser Konzeption von selbst.

Die Linie 2 sollte wie die Linie 1 bis Rebdorf führen, den Frauenberg mit der Willibaldsburg umrunden und nahe der Spitalvorstadt enden. Die Fortsetzung ins Tal war dabei schwieriger und teurer, aber immerhin noch möglich.

Eisenbahn-Fahrplan vom 1. Juni 1874 an.

Ankunft der Züge im Bahnhof Eichstätt.

Nach München 4,19 Früh Postzug
Nach Nürnberg 4,20 Früh gemischter Zug
Nach München 5,57 Früh Schnellzug
Nach Nürnberg 8,30 Früh Schnellzug
Nach München 10,9 Früh Postzug
Nach Nürnberg 10,28 Fr. Postzug
Nach Nürnberg 4,— Abds. Postzug
Nach München 5,14 Abds. Postzug
Nach München 7,5 Abds. Schnellzug
Nach Nürnberg 8,49 Abds. Schnellzug
Nach Ingolstadt 10,32 Abds gem. Zug
Nach Nürnberg 10,34 Abds. Postzug

(Zu jedem Zug, mit Ausnahme der Schellzüge, geht 1 Stunde vorher ein Stellwagen vom Marktplatz hier ab.)

Von Treuchtlingen nach Ansbach und Aschaffenburg

4,15 Früh gem. Zug. — 9,40 Früh Schnellzug. — 11,50 Mitt. Postzug
5,10 Abds. Postzug. — 9,40 Abds. Schnellzug. — 12,— Nacht gem. Zug.

Ankunft der Züge in Eichstätt ab 1. Juni 1874.

Die veranschlagten Kosten lagen – verglichen mit der Hauptbahn, wo ein Kilometer mit 205.687 Mark zu Buche geschlagen hatte – enorm hoch: Das 3,8 Kilometer lange Teilstück der „Kipfenberger Linie" erforderte 1,61 Mio. Mark (423.700 Mark/Kilometer). Auch die Kosten der 4,9 Kilometer langen zweiten Linie blieben mit 1,1 Mio. Mark hoch, wobei sich der Kilometerpreis mit 224.500 Mark fast halbierte. Beim Bau als Vicinalbahn mussten die Eichstätter Interessenten für Grunderwerb und Erdarbeiten einen Zuschuss in Höhe von 220.000 Mark (Linie 1) bzw. 346.000 Mark (Linie 2) erbringen.

Im Landtag war niemand bereit, 1,1 Mio. Mark für eine untergeordnete Bahn aufzubringen, zumal man Eichstätt bei der Führung der Hauptbahn entgegengekommen war und Mehrkosten in Höhe von 598.000 Gulden auf sich genommen hatte. Wenn die Verkehrsverhältnisse wirklich so glänzend wie geschildert wären, dann läge es nach Ansicht der Abgeordneten nahe, dass die Stadt selbst die Sache in die Hand nähme und für eine Verbindung zum entfernt liegenden Bahnhof sorge.

Eichstätt ergriff nun selbst die Initiative. In Ingolstadt verband seit November 1878 eine von Ingenieur Reuß auf eigene Rechnung gebaute und betriebene Pferdestraßenbahn den Zentralbahnhof mit dem drei Kilometer entfernten Stadtzentrum. Nach deren Vorbild sollte ein

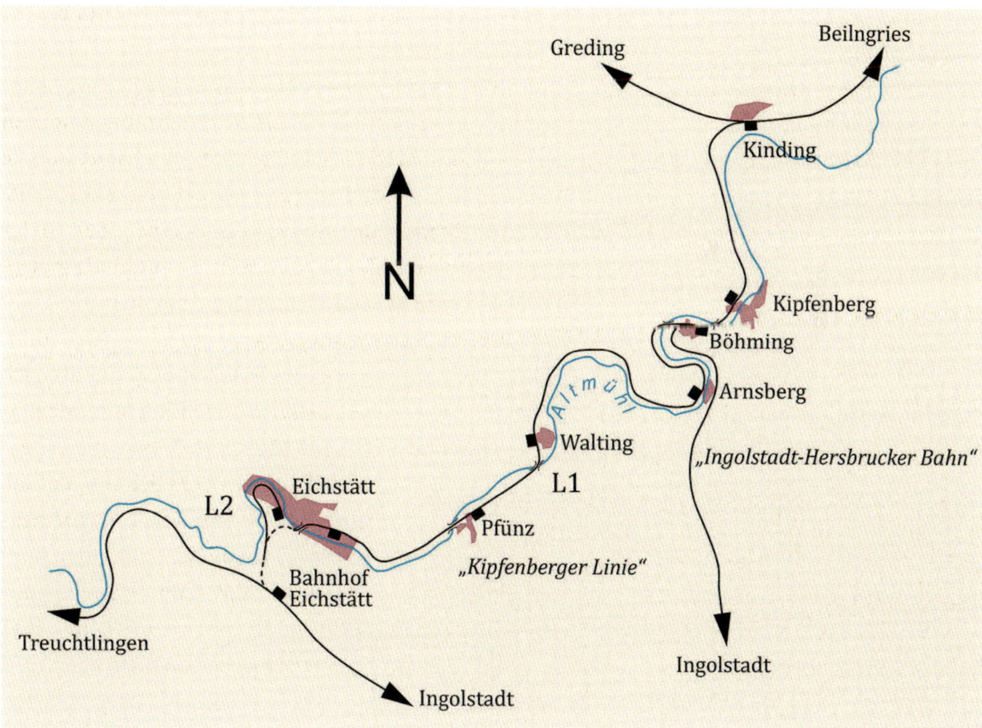

Die Generaldirektion unterbreitete 1877 zwei Vorschläge für eine normalspurige Vicinalbahn vom Bahnhof Eichstätt zur Stadt: Linie 1, die sogenannte Kipfenberger Linie, führte unter dem Frauenberg hindurch zum Bahnhof in der Ostenvorstadt. Linie 2 umrundete den Frauenberg und endete nahe der Spitalvorstadt.

Privatunternehmen auf oder neben der Landstraße eine Dampfstraßenbahn von der Stadt zum Bahnhof bauen und betreiben.

Nach eingehenden Erkundigungen kamen dafür die Firmen Krauss & Co. in München und die Schweizerische Lokomotiv- und Maschinenfabrik in Winterthur in Betracht. Letztere forderte die niedrigste Garantiesumme und rückte somit in den Mittelpunkt des Interesses. Am 14. Juni 1880 beschlossen Magistrat und Gemeindekollegien, „eine Straßen-Lokomotiv-Bahn nach dem Bahnhofe der Stadt Eichstätt zu bauen und die Ausführung des Werkes einer Schweizer Gesellschaft zu übertragen“. Vier Monate später war die Projektierung durch Ingenieur Single abgeschlossen und am 23. Oktober 1880 übertrug die Stadt Eichstätt der Gesellschaft „den Bau und Betrieb einer Straßen-Lokomotiv-Bahn mit 1,0 m-Spurweite (Secundärbahn) vom Bahnhof Eichstätt zur Stadt Eichstätt“.

Eichstätt wollte die Konzession für 50 Jahre erwirken, die Gesellschaft die Bahn am 1. Juli 1881 in Betrieb nehmen. Im Falle eines Scheiterns des Projekts würde Eichstätt 2.500 Mark für die Vorarbeiten erstatten. Die Bahn sollte vom Marktplatz ausgehend über die Spitalbrücke den Güterbahnhof beim Klosterstadel erreichen und danach bis zum Bahnhof die Landstraße benutzen. Die Fahrten hatten sich in Zahl und Fahrplan nach den Hauptbahnzügen zu richten. Neben einer Garantiesumme in Höhe von 40.000 Mark hatte Eichstätt 8.000 Mark für den Grunderwerb aufzubringen.

Am 5. Oktober 1880 erbat der Magistrat die Konzessionserteilung und suchte angesichts der auf 250.000 Mark veranschlagten Kosten um einen „Allergnädigsten Beitrag“ des Staates nach, da kein Unternehmer ohne jegliche Subvention seitens der Stadt das Risiko des Baus und Betriebs übernehmen wolle. Bei einem Schuldenstand von 122.085 Mark sei die Stadt dazu nicht in der Lage. Das Ministerium meldete zwar keine Bedenken gegen die Bahn an, hielt aber technische, rechtliche und administrative Prüfungen für erforderlich. Immerhin handelte es sich um das erste Projekt dieser Art in Bayern.

Die Untersuchungen orientierten sich an der von der Schweizer Firma im Elsass gebauten Rappoltsweiler Schmalspurbahn. Zum Vergleich zog man die von Krauss gebaute Feldabahn Dorndorf–Kaltenordheim heran. Die Prüfung erbrachte keine prinzipiellen Bedenken gegen eine Straßen-Lokomotiv-Bahn, sodass Staatsminister Krafft Freiherr von Crailsheim dem König die Konzessionserteilung empfahl. Am 12. August 1881 genehmigte Ludwig II. den Bau der Bahn.

Insgesamt 54 staatliche Auflagen verteuerten das Projekt auf 400.000 Mark. Daraufhin forderte die Schweizer Firma die hinterlegte Kaution zurück und bat um Erstattung des Kostenanteils für die Vorarbeiten. Der Bau der Straßen-Lokomotiv-Bahn war vorerst gescheitert.

Die Stadt Eichstätt wollte nun die Bahn selbst bauen und betreiben. Am 16. Februar 1882 wandte sie sich an die Abgeordnetenkammer mit der Bitte, „eine Subvention von 200.000 M. und außerdem ein unverzinsliches rückzahlbares Darlehen von 200.000 M., eventuell ein unverzinsliches rückzahlbares Darlehen von 400.000 M. zu gewähren“. Mit der Begründung, die Staatsregierung plane selbst den Bau von Bahnen lokaler Bedeutung, wurde die Eingabe abgelehnt und Eichstätt auf ein in Kürze zu erlassendes Gesetz verwiesen.

Lokalbahngesetze von 1882 und 1884

Das erste bayerische Lokalbahngesetz vom 28. April 1882 sah den Bau von Bahnen lokaler Bedeutung vor, sofern „die Interessenten mindestens den für den Bahnbau und dessen Zubehör nötigen Grund und Boden kostenfrei zur Verfügung stellen." Auf dieser Grundlage erbat Eichstätt am 1. Dezember 1882 von der Staatsregierung den Bau der Verbindungsbahn vom Bahnhof zur Stadt.

Staatsminister von Crailsheim beauftragte am 2. Februar 1883 die Generaldirektion mit der Ausführung des generellen Projekts. Am 21. Juni kam dazu Ingenieur Freiherr von Schacky nach Eichstätt. Da eine Normalspurbahn bei den Ortsdurchfahrten Schwierigkeiten hinsichtlich des kleinsten Krümmungsradius erwarten ließ, wurde das Projekt auf der Basis der Pläne Singles meterspurig mit einem Minimalradius von 60 Metern und 25 Promille (1:40) Höchststeigung durchgeführt.

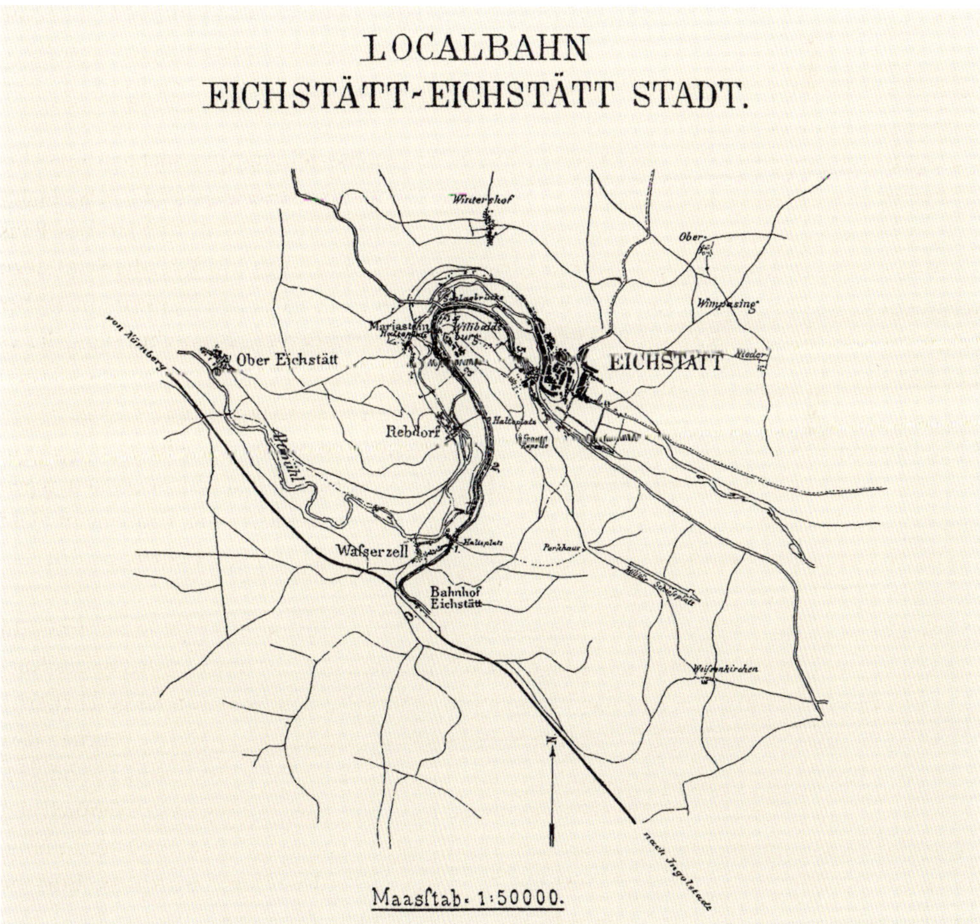

Verlauf der 5,17 Kilometer langen, schmalspurigen „Localbahn Eichstätt–Eichstätt Stadt".

Probleme mit der Schmalspur fürchtete man nicht, da sie „für Personenverkehr, dann Eil- und Stückgutverkehr keine Erschwerniß verursacht, der Wagenladungsverkehr voraussichtlich ein besonders lebhafter nicht werden wird und im Uebrigen auch Vorrichtungen in Aussicht genommen sind, um im Bedarfsfalle vermittels schmalspuriger vierachsiger Transportbühnen Normalspurwagen auf der Lokalbahn transportieren zu können, […]."

Bezüglich der Endstation einigte man sich statt des ursprünglich vorgesehenen Geländes beim sogenannten Klosterstadel (600 Meter vor der Stadt) auf einen Bahnhof in unmittelbarer Nähe der Spitalvorstadt. Die Mehrkosten in Höhe von 30.000 Mark trug die Stadt Eichstätt.

Erwarteten Betriebseinnahmen von jährlich 31.700 Mark standen bei zehn Zugpaaren zum Anschluss an die Züge der Hauptbahn 23.200 Mark Ausgaben gegenüber. Bei 8.500 Mark Reinerlös verzinste sich das vom Staat aufzuwendende Baukapital von 284.700 Mark um drei Prozent.

Am 6. März 1884 stimmte die Abgeordnetenkammer dem Gesetzentwurf zu und am 21. April 1884 trat das erste Spezialgesetz zum Bau von 13 staatlichen Lokalbahnen, darunter an neunter Stelle Eichstätt Bahnhof–Eichstätt Stadt, in Kraft.

Die 1885 von den Staatseisenbahnen in Dienst gestellte LE I Nr. 881, ab 1924 DRG 99 071, hat mit einem Personenzug von Wasserzell herauf die Steigung am Schneckenberg bezwungen und wird gleich in Eichstätt Bahnhof eintreffen.

99 074 (LE IV Nr. 982, Baujahr 1898) wartet Anfang der 1930er-Jahre in Eichstätt Bahnhof vor dem Empfangsgebäude auf Abfahrt zur Stadt. Hinter der Lok sind zwei CL eingestellt: der erste mit breiten Fallfenstern, der zweite mit paarweise angeordneten schmalen Fenstern.

Zwischen dem Ortsende von Wasserzell und der Haltestelle Rebdorf (km 2,8) erforderte die schmale Landstraße einen eigenen Bahnkörper am Rande eines Hangs. Auf diesem Streckenstück ist um 1930 eine LE mit einem Zug aus vier Personen- und einem Gepäckwagen auf dem Weg nach Eichstätt.

Bau und Verlauf der Schmalspurbahn vom Bahnhof zur Stadt

Nun stand dem Bahnbau nichts mehr im Weg. Das Ministerium genehmigte die endgültigen Baupläne am 19. März 1885 und beauftragte die Eisenbahnbausektion München unter der Leitung von Ingenieur Richard Opel, kgl. Offizial und späterer Betriebsleiter der Lokalbahn, mit der Ausführung.

Am 7. April begannen an der Stelle des künftigen Stadtbahnhofs die Erdarbeiten und zeitgleich am Vorplatz des Bahnhofs der Streckenbau. Vor dem Empfangsgebäude wurde die Schmalspurbahn auf 130 Metern Länge einspurig ausgeführt und mit einem 30 Meter langen Schüttbahnsteig ausgestattet. Das Stammgleis gabelte sich stadtwärts in Höhe des Abortgebäudes in zwei Gleise, wovon eines zum Umsetzen der Lokomotive und Abstellen von Wagen diente. In Höhe von Kohlenpodium und Wasserkran vereinigten sich beide Gleise zum Streckengleis in Richtung Wasserzell. Auch in entgegengesetzter Richtung gabelte sich das Stammgleis, das in seiner Verlängerung als Ausziehstrecke und zur Bereitstellung der stadtwärts fahrenden Güterzüge diente. Ein Gleis führte an Laderampe, Ladepodium und Güterhalle vorbei zum Ladeplatz, das zweite endete an einem 34 Meter langen „Überführungs-Graben", wie die Rollbockgrube hieß. Zwischen beiden Gleisen wurde in Höhe der Güterhalle eine Weichenverbindung angelegt.

Nachdem sich der Rollbockbetrieb bewährt hatte, wurde 1888 mit einem Aufwand von 2.650 Mark eine Rollbockgrube zum Aufschemeln der Normalspurwagen auf die Transporteure angelegt. Eine Abzweigung führte aus dem Stammgleis zu der Rollbockgrube zwischen Güterhalle und Empfangsgebäude. Das Normalspurgleis der Umsetzanlage war mittels einer Wagendrehscheibe mit dem Güterhallengleis verbunden. Die recht begrenzte Kapazität der Anlage führte nach Eröffnung der Talstrecke immer wieder zu Klagen wegen Verzögerungen bei der Wagenzustellung nach Eichstätt und weiter ins Tal.

Zwischen dem Bahnhof und Wasserzell verlegte man die Gleise der Schmalspurbahn auf der sieben Meter breiten Distriktstraße. Das Gefälle nach Wasserzell betrug 1:40 (25 Promille), der Bogenradius 60 Meter. Am Dorfanfang wechselte die Bahn von der linken auf die rechte Straßenseite, durchfuhr das Dorf auf einer Länge von 1,3 Kilometern und wechselte dann wieder auf die linke Straßenseite.

Hinter dem Dorf machte die Straßenbreite von nur 5,50 Metern einen eigenen Bahnkörper am Rande eines Hanges notwendig. Von den Steghäusern an, wo eine Haltestelle für das gegenüberliegende Rebdorf angelegt wurde, konnte die Straße aufgrund ihrer starken Steigung für den weiteren Bahnverlauf nicht mehr benutzt werden. Die Bahn übersetzte hier auf einer acht Meter langen Vollwandträgerbrücke in einem engen S-Bogen den Hofmühlgraben. Auf einem natürlichen Damm zwischen Altmühl und Hofmühlgraben wurde die Brauerei erreicht. Nach Abbruch eines Nebengebäudes konnte der fünf Meter breite Streifen zwischen den Brauereigebäuden und der Altmühl zum Bahnbau verwendet werden. Auch ein Anschlussgleis wurde angelegt.

Schüttbahnsteig und Haltestellenschild waren kennzeichnend für die vier Zwischenstationen der Schmalspurbahn. Bei den Steghäusern, benannt nach dem auf dem Bild sichtbaren Steg hinüber zum Kloster Rebdorf (links im Hintergrund), lag die Haltestelle Rebdorf (Aufnahme vom 7. September 1913).

99 074 (LE IV Nr. 982) hat mit einem Personenzug die Haltestelle Rebdorf erreicht und wird gleich die Fahrt nach Eichstätt Bahnhof fortsetzen. Hinter der Lokomotive läuft ein gedeckter Güterwagen, erkennbar an der 1,50 Meter breiten Laderaumtür.

Auf einer colorierten Ansichtskarte aus der Zeit um 1910 ist der Streckenverlauf der Schmalspurbahn unterhalb der Willibaldsburg erkennbar. Von rechts: Hofmühle mit Brauerei, Streckenanstieg mit Brücke über den Hofmühlgraben, Steigung zur Landstraße, Haltestelle Hofmühle mit Wartehalle.

Nach Passieren der Hofmühle überquerte die Schmalspurbahn den Hofmühlgraben auf einer acht Meter langen Brücke zum zweiten Mal. Erneut wurde dazu ein S-Bogen angelegt, der zudem in einer Steigung von 12,5 Promille hinauf zur Haltestelle Hofmühle, gelegen am Eichstätter Ausflugslokal „Hofmühl-Keller“, verlief. Dieses Streckenstück wurde wiederholt zum Schauplatz von Entgleisungen.

Bis zur Haltestelle Schlagbrücke blieb die Linie links neben der Landstraße, danach wechselte sie auf die rechte Straßenseite. Für einen Steinbruchbetrieb wurde hier ein Ladegleis angelegt. Die Schmalspurbahn folgte nun der breiten Staatsstraße Weißenburg–Eichstätt. Vor dem Stadtbahnhof kreuzte sie diese und überquerte das Freiwasser auf einer 25 Meter weiten, zweifeldrigen Brücke.

Die Länge der Lokalbahn zwischen den beiden Betriebshauptgebäuden betrug 5,17 Kilometer, die Luftlinie dagegen nur 2,79 Kilometer. Vier durch Tafeln gekennzeichnete Haltestellen wurden entlang der Strecke eingerichtet: Wasserzell (km 0,9), Rebdorf (km 2,8), Hofmühle (km 3,6) und Schlagbrücke (km 3,9). Für die Anlage des Stadtbahnhofs wählte man die Domprobsteiwiesen zwischen Altmühl und Freiwasser. Als Hochwasserschutz waren Aufschüttungen von über 10.000 Kubikmetern, Stützmauern und Böschungssicherungen erforderlich.

Von der Brauerei zur Haltestelle Hofmühle musste der Zug eine Steigung von 12,5 Promille überwinden. Bei schlechtem Wetter konnten die Besucher der Ausflugsgaststätte „Hofmühl-Keller“ in der hölzernen Wartehalle auf den nächsten Zug warten. Die Aufnahme entstand um 1910.

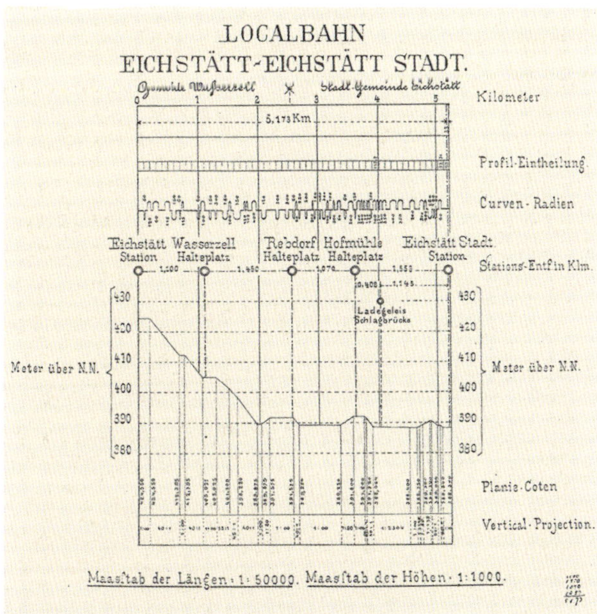

Höhen- und Längenprofil sowie „Curven-Radien“ der schmalspurigen „Localbahn Eichstätt-Eichstätt Stadt“. Deutlich erkennbar ist der von den Zügen zu überwindende Höhenunterschied aus dem Altmühltal hinauf zum Bahnhof an der Hauptstrecke Ingolstadt–Treuchtlingen.

Eröffnung der Schmalspurbahn

Der Bahnbau machte rasche Fortschritte. Erdarbeiten und Felssprengungen waren nicht sehr bedeutend. Die im Juli 1885 eingetroffene Lokomotive LE I Nr. 881 wurde sofort vor Bauzügen erprobt. Am 28. August 1885 fuhr erstmals eine Lok in den Stadtbahnhof Eichstätt ein. Viele Bürger hatten sich dort zu dem bedeutungsvollen Ereignis eingefunden.

Vor der offiziellen Eröffnung der neuen Bahnlinie erfolgte die technische Prüfung von Bahnanlagen und Fahrmaterial durch eine Kommission der Generaldirektion. Die Probefahrt, an der auch eine Abordnung der Stadt Eichstätt unter dem künftigen Bürgermeister Schneider teilnahm, fand am 1. September statt. Der festlich geschmückte Zug bestand aus der Lokomotive LE I Nr. 881, dem Pack- und Postwagen PPostL 18 636, den Personenwagen BCL 18 232 (II./III. Klasse) und CL 18 551 (III. Klasse) sowie dem offenen Güterwagen OwL 18 891 mit Steifkupplung zu den Rollböcken 18 901 und 18 902. Nach erfolgreich verlaufener Abnahmefahrt reiste die Delegation um 13.30 Uhr nach München zurück. Bürgermeister Fehlner, der am selben Tag in den Ruhestand getreten war, konnte sein Lebenswerk nur noch als Zuschauer betrachten.

Als Eröffnungstag der Schmalspurbahn wurde der 15. September 1885 festgelegt. Ganz Eichstätt war auf den Beinen, Stadt und Bahnhof waren geschmückt und an den Haltestellen hinaus zum „Hauptbahnhof“ wehten Fahnen. Über den großen Tag berichtete die „Eichstätter Volkszeitung“: „Unter Böllerschüssen und bei Anwesenheit einer ungeheueren Menge Volkes ging heute früh 9 Uhr der erste fahrplanmäßige Zug unserer Sekundärbahn vom Lokalbahnhof zum Hauptbahnhof ab. Die zwei Bahnhöfe und die Hofmühle waren aus diesem Anlasse beflaggt. Der Zug bestand aus drei Personen- und einem Packwagen. Die Personenwagen waren vollständig besetzt und die Lokomotive wie beim Probezug mit Fahnen usw. dekoriert. Bei der Rückfahrt verursachte in der Nähe der Rügemer'schen Restauration bei Wasserzell ein auf den Schienen liegender Stein eine Entgleisung des zweiten Personenwagens, so daß die Rückfahrt nunmehr mit der Lokomotive und einem Personenwagen bewerkstelligt werden konnte, während die übrigen Wagen auf dem Platze stehen bleiben mußten. Eine Verletzung von Personen kam glücklicherweise nicht vor.“

Am anderen Tag nannte die Generaldirektion als Grund für die Entgleisung einen Schotterstein, der sich an einer Schiene festgelegt hatte. Man bedauerte, dass ein Teil der Fahrgäste des ersten Zuges den Weg zurück zur Stadt zu Fuß zurücklegen musste, und wies gleichzeitig darauf hin, dass der planmäßige Betrieb nur für eine Stunde gestört gewesen wäre.

Für den Bahnbau musste der Staat 284.700 Mark aufwenden. Die Interessenten hatten für Grundwerb und Sonstiges 47.300 Mark zu tragen. Aus den Gesamtkosten von 332.000 Mark ergaben sich Baukosten von 64.340 Mark pro Kilometer. Für den Staat beliefen sich die Baukosten auf 55.170 Mark pro Kilometer. In Normalspur wären sie mindestens doppelt so hoch ausgefallen. Zum Vergleich: Die billigste bayerische Lokalbahn Neumarkt–Beilngries kam 1888 nur auf 33.200 Mark pro Kilometer. Im Durchschnitt betrugen zwischen 1884 und 1890 die Aufwendungen für die Lokalbahnen in Bayern 58.000 Mark pro Kilometer.

Am 1. September 1885 fanden Probefahrt und technische Prüfung der 5,17 Kilometer langen Schmalspurbahn statt. Die Aufnahme zeigt den Abnahmezug nach der Ankunft am Stadtbahnhof von Eichstätt. Rechts das Bahnhofsgebäude, links neben dem Güterwagen der Lokschuppen.

Eichstätter Bahnanlagen von 1885

Der Eichstätter Stadtbahnhof von 1885 hatte bescheidene Ausmaße. Die Gleisanlagen bestanden aus einem Bahnsteig-, einem Umsetz-, einem Güterhallen-, einem Freiladegleis mit Rollbockgrube („Uebergang zur Normalspur") und Laderampe sowie drei Maschinenhausgleisen. Am Freiladegleis lagen ein Regie-Kohlenlager und ein Lagerplatz.

Das Stationsgebäude hatte einen 8,80 Meter hohen Mittelbau mit Diensträumen im Erdgeschoss und einer Dienstwohnung im Obergeschoss sowie zwei 6,20 Meter hohe Längsbauten. Davon diente der stadtseitige mit Warteräumen der II. und III. Klasse dem Reisepublikum. Das Wetterschutzdach von 1887 musste hart erkämpft werden. Der zweite Längsbau in Holzbauweise diente als Güterhalle. In einem Nebengebäude auf dem Bahnhofsvorplatz waren Aborte, Requisitenkammer und Holzlager untergebracht.

Geradezu riesig wirkte das Maschinenhaus, ein ebenfalls einfach gehaltener Satteldachbau von 15 Metern Länge und 11,5 Metern Breite. An die drei Stände (zwei für Lokomotiven, einer für Wagen) schlossen die Werkstatt mit Wasserreservoir, ein Aufenthaltsraum für die Lokpersonale sowie eine Wohnung für den Stationsdiener oder den Heizer an. Das Gebäude stand dem Warteraum des Bahnhofs so nahe gegenüber, dass gerade noch Platz für die Weichen zum Umsetzen der Lokomotiven blieb.

Das gestiegene Verkehrsaufkommen führte zur Beschaffung weiterer Lokomotiven. 1898 lieferte Krauss die LE IV Nr. 982. Die Aufnahme zeigt sie ohne Triebwerksverkleidung vor dem Transport nach Eichstätt im Werk München-Mittersendling auf einem normalspurigen Transportwagen.

Gleisplan des Eichstätter Stadtbahnhofs von 1885 bis 1898. In Höhe der Bahnbrücke über das Freiwasser lag ab 1898 der neue Schmalspur- und hinter diesem ab 1934 der Normalspurlokschuppen. ▶

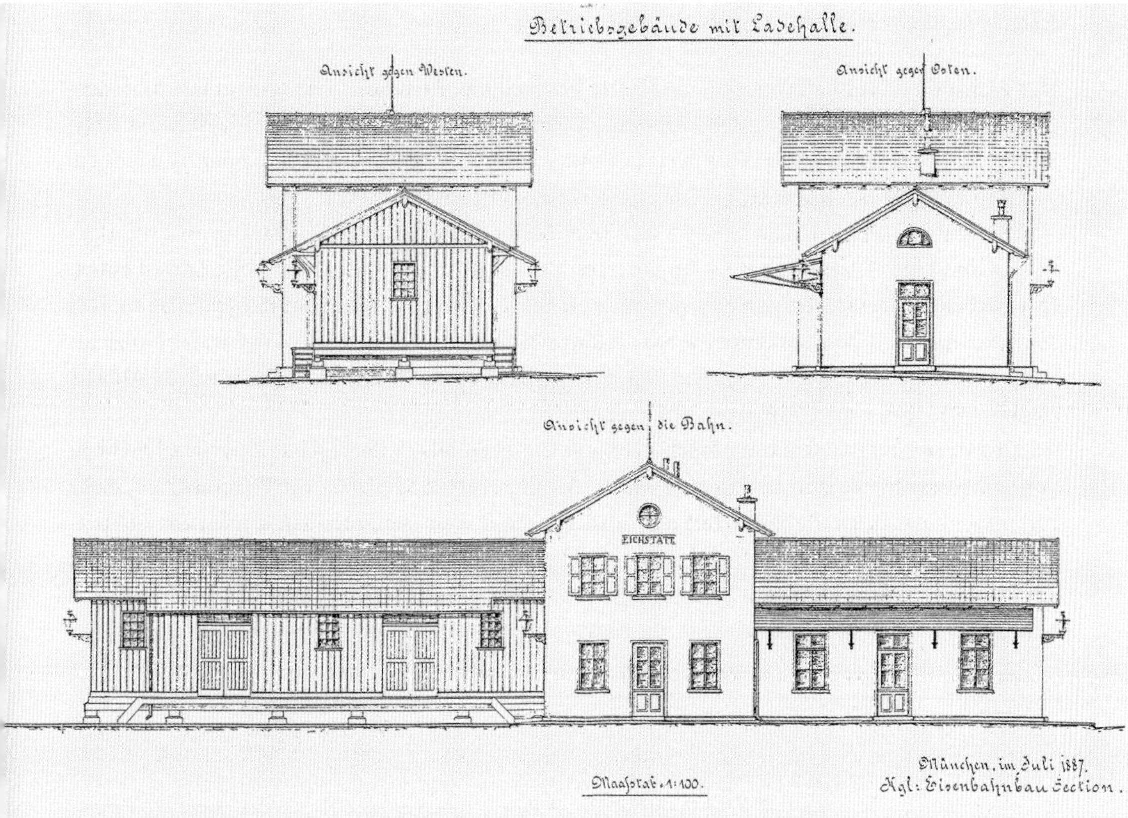

Das „Betriebsgebäude mit Ladehalle" der Station Eichstätt Stadt in verschiedenen Ansichten zeigt diese Zeichnung der Kgl. Eisenbahnbausektion vom Juli 1887.

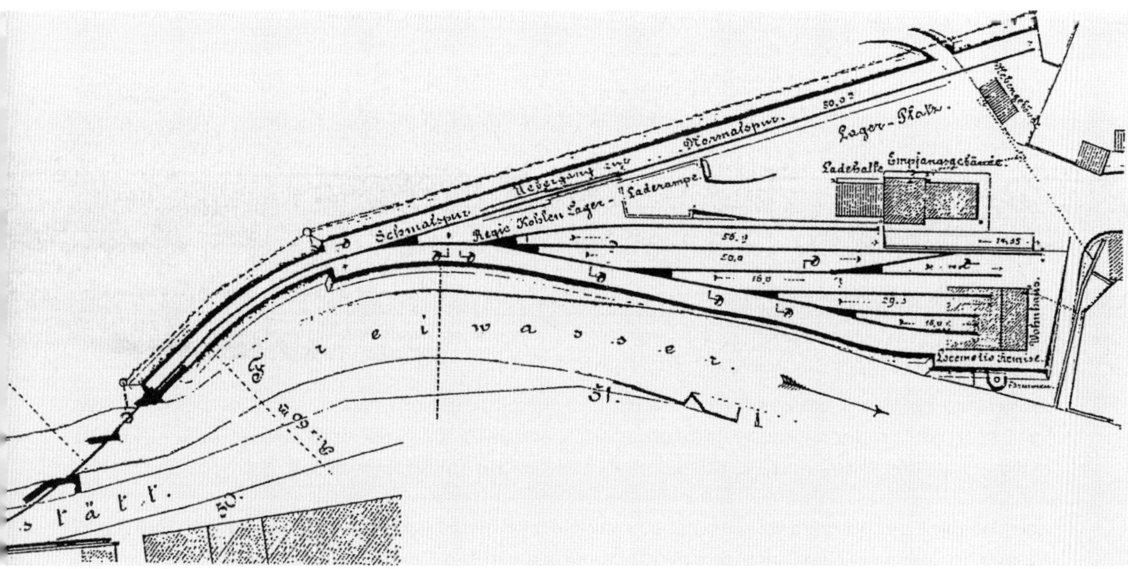

Zur Betriebsaufnahme der Schmalspurbahn erhielt Eichstätt einen der Betriebswerkstätte Ingolstadt unterstellten Lokbahnhof. Diesem standen 1885 zur Verfügung:

- zwei Schmalspurlokomotiven LE I Nr. 881 und LE II Nr. 882,
- zwei Personenwagen II./III. Klasse BCL 18 232 und 18 233,
- ein Personenwagen III. Klasse CL 18 551,
- ein kombinierter Pack-/Postwagen PPostL 18 636,
- zwei geschlossene Güterwagen GwL 18 881 und 18 882,
- zwei offene Güterwagen OwL 18 891 und 18 892,
- zwei Rollböcke 18 901 und 18 902.

Für den maschinentechnischen Dienst auf der Lokalbahn erließ das Kgl. Oberbahnamt Ingolstadt genaue Anweisungen. Darin hieß es u.a.: „Der Lokomotivführer der Lokalbahn ist für die gute Instandhaltung der Lokomotive und Ausführung kleiner Reparaturen, insofern solche mittelst der in der Werkstatt Eichstätt Stadt vorhandenen Werkzeuge ausgeführt werden können, haftbar."

Nach einem Betriebsmonat war jede Maschine zum Auswaschen des Kessels außer Dienst zu stellen. Die Reinigung musste mittels der vorhandenen Handspritze vom Maschinenhauspersonal gemeinschaftlich ausgeführt werden. Für jede Maschine hatte die Lokalbahnbetriebsleitung ein Loktagebuch und ein Fahrdienstbuch, der Lokführer ein Dienstbuch zu führen und darin alle Kesselauswaschungen und Reparaturen einzutragen. Die Bücher waren am Monatsende an die Betriebswerkstätte Ingolstadt zu übersenden. Lokführer, Heizer und Lokschlosser waren auch für die gute Instandhaltung der Wagen zuständig. Deren Reinigung war Aufgabe des Maschinenhaustagelöhners.

Im Falle größerer Reparaturen wurden die Schmalspurlokomotiven bzw. -wagen auf einem normalspurigen Transportwagen zur Betriebswerkstätte Ingolstadt gebracht. Von dort erfolgte ggf. die Überstellung zur Hauptwerkstätte Regensburg, die anfangs auch für die alle zwei Jahre vorgeschriebene Hauptrevision von Lokomotiven und Wagen zuständig war.

Das Personal der Eichstätter Lokalbahn setzte sich 1885 wie folgt zusammen: ein Lokalbahnbetriebsleiter (zugleich Stationsvorstand in Eichstätt Bahnhof), ein Kondukteur als Zugführer, ein Lokführer, ein fahrfertiger Heizer, ein Werkstattarbeiter (gleichzeitig zur Ablösung des Heizers eingesetzt), ein Expedient in Eichstätt Stadt.

Die Haltestellen blieben unbesetzt, die Bedienung der Anschlüsse Schlagbrücke und Hofmühl-Brauerei war Aufgabe des Kondukteurs.

№ 54c. Eichstädt Stadt—Eichstädt Bahnhof.

Entfg.	Stationen		1040	1042	1044	1046	1048	1050
			Lokal-Züge					
Kil	Eichstädt Stadt	ab	6^{20}	8^{50}	3^{55}	5^{15}	$8^{\underline{40}}$	$10^{\underline{25}}$
2	Schlagbrücke	"	6^{25}	8^{55}	4^{00}	5^{20}	$8^{\underline{45}}$	$10^{\underline{30}}$
3	Hofmühle	"	6^{28}	8^{58}	4^{03}	5^{23}	$8^{\underline{48}}$	$10^{\underline{33}}$
4	Rebdorf	"	6^{33}	9^{03}	4^{08}	5^{28}	$8^{\underline{53}}$	$10^{\underline{38}}$
5	Wasserzell	"	6^{40}	9^{10}	4^{15}	5^{35}	$9^{\underline{00}}$	$10^{\underline{45}}$
6	Eichstädt Bahnhof Nr. 22	an	6^{45}	9^{15}	4^{20}	5^{40}	$9^{\underline{05}}$	$10^{\underline{50}}$

№ 54d. Eichstädt Bahnhof—Eichstädt Stadt.

Entfg.	Stationen		1041	1043	1045	1047	1049	1051
			Lokal-Züge					
Kl.	Eichstädt Bahnhof	ab	7^{05}	10^{25}	4^{40}	$6^{\underline{15}}$	$9^{\underline{20}}$	$11^{\underline{00}}$
2	Wasserzell	"	7^{10}	10^{30}	4^{45}	$6^{\underline{20}}$	$9^{\underline{25}}$	$11^{\underline{05}}$
3	Rebdorf	"	7^{17}	10^{37}	4^{52}	$6^{\underline{27}}$	$9^{\underline{32}}$	$11^{\underline{12}}$
4	Hofmühle	"	7^{22}	10^{42}	4^{57}	$6^{\underline{32}}$	$9^{\underline{37}}$	$11^{\underline{17}}$
5	Schlagbrücke	"	7^{25}	10^{45}	5^{00}	$6^{\underline{35}}$	$9^{\underline{40}}$	$11^{\underline{20}}$
6	Eichstädt Stadt	an	7^{30}	10^{50}	5^{05}	$6^{\underline{40}}$	$9^{\underline{45}}$	$11^{\underline{25}}$

Sechs Personenzugpaare verkehrten im Sommer 1886 zwischen dem Bahnhof und der Stadt Eichstätt. Die Fahrzeit betrug 25 Minuten. Nicht korrekt ist die Schreibung „Eichstädt" auf der Kursbuchtabelle.

Schmalspurbetrieb von 1885 bis 1898

Im Gegensatz zu den anderen Lokalbahnen, wo nur im Güterverkehr ein Zuschlag zu entrichten war, galten für die Eichstätter Schmalspurbahn folgende Tarife:

- für eine Fahrt III. Klasse 0,30 Mark
- für eine Fahrt II. Klasse 0,50 Mark
- für 1 t Eil- oder Stückgut 3,50 Mark
- für 1 t Wagenladungsgut 1,80 Mark

Im Personenverkehr war die Ausgabe von Rückfahrkarten sowie Übergangsfahrkarten zur Hauptbahn nicht vorgesehen. Die Gütertarife enthielten die Kosten für das Umladen der Fracht oder den Rollbocktransport.

Laut Fahrplan vom 1. Juni 1886 verkehrten zwischen 6.20 Uhr morgens und 23.25 Uhr abends täglich sechs Zugpaare, Fahrzeit 25 Minuten. Die Wagenreihung eines Zugs sah in Fahrtrichtung Bahnhof hinter der mit der Rauchkammer voraus fahrenden Lokomotive den PPostL (Postraum zur Lok), einen CL, einen BCL (II. Klasse am Zugende) sowie einen GwL und/oder OwL vor. In Richtung Stadt wurden die Güterwagen an den PPostL gehängt. Am Zugschluss waren maximal vier ungebremste Wagenachsen erlaubt, sodass ein Normalspurwagen auf Rollböcken mitgeführt werden durfte. Dieser musste während der Fahrt von einem Bahnbediensteten überwacht werden.

Nach Beendigung der Erprobungsphase erfolgte ab 1887 die Aufnahme des regulären Transports normalspuriger Güterwagen mit insgesamt zehn Rollböcken, was den Einsatz eines planmäßigen Güterzugpaares in den Mittagsstunden erforderlich machte. Vereinzelt führten die Personenzüge aber auch weiterhin Güterwagen oder aufgebockte Normalspurwagen am Zugschluss mit.

Bis 1898 stieg die Zahl der Personenzugpaare auf elf. Grund dafür war der verdichtete Fahrplan auf der zweigleisig ausgebauten Hauptstrecke. Der Fahrzeugpark wurde zwischen 1892 und 1897 um die LE III Nr. 981, je einen BCL, CL, PPostL, GwL sowie um sechs Rollböcke aufgestockt.

Die sich gut entwickelnden Betriebsergebnisse übertrafen die Berechnungen von 1883 (7.300 Tonnen/Jahr) um ein Vielfaches. Von allen bayerischen Lokalbahnen erforderte die Eichstätter Schmalspurbahn zwar immer den höchsten kilometrischen Betriebskostenaufwand, erzielte im Vergleich dazu aber auch die höchsten Einnahmen pro Kilometer, wie eine Aufstellung für die Jahre 1885 bis 1899 zeigt. So wurde in den drei Monaten des Jahres 1885 ein Überschuss in Höhe von 3.196 Mark erwirtschaftet, 1891 waren es 24.871 Mark.

Ein Jahr vor Eröffnung der Talstrecke nach Kinding wurden 1897 auf der Stammstrecke 111.172 Personen und 38.375 Tonnen Güter (mehr als das Fünffache der 1883 erwarteten Menge) befördert. Hauptsächlich Steine, Gips, Kalk, Holz und Kohlen wurden auf die Bahn verladen. Die Einnahmen aus dem Personenverkehr beliefen sich auf 24.767 Mark und aus dem Güterverkehr auf 29.050 Mark. Die Ausgaben betrugen 31.823 Mark. Es verblieb ein Überschuss von 25.161 Mark.

Die Entgleisung am Eröffnungstag der Schmalspurbahn sollte nicht die letzte sein. Am Tag darauf folgte eine weitere Entgleisung wegen „ungleicher Belastung". Vor allem die in S-Bögen gelegenen Brückenauf- und Brückenabfahrten zählten zu den gefährlichsten Stellen der ganzen Strecke und wiesen die höchsten Unfallzahlen auf.

Sehr spektakulär waren die Unfälle in der Erprobungsphase des Rollbockbetriebs: Am 5. September 1886 kippte bei Wasserzell ein mit zehn Tonnen Kalk beladener Güterwagen aufgrund eines nicht näher angegebenen Rollbockschadens um. Am 12. August 1887 endete für zwei mit je acht Tonnen Mehl beladene Wagen nach Bruch eines Rollbock-Drehzapfens die Fahrt nach Eichstätt mit einem Sturz in den Hofmühlgraben.

Bald wurde heftige Kritik an den Bahnverhältnissen laut. Man sprach von einer verfehlten Anlage, von der ungenügenden Konstruktion des Fahrmaterials und bemängelte die Trassierung mit ihren engen Gleisradien. Als Reaktion auf den Unfall vom 12. August 1887 meinte der „Eichstätter Kurier", es sei kein Wunder, wenn das Publikum befürchte, es möchte über kurz oder lang auch der eine oder andere Personenwagen einen Purzelbaum über den Damm an der Hofmühle schlagen.

Generaldirektor Schnorr von Carolsfeld kostete es einige Mühe, die gegebenen Verhältnisse zu verteidigen, als der Eichstätter Landtagsabgeordnete Zimlich im November 1887 im Landtag den Wunsch vortrug, die Linie auf Normalspur umzubauen. Der wiederholte Hinweis des Generaldirektors, dass die Normalspur ungleich teurer geworden und Eichstätt ohne Schmalspurtechnik überhaupt keine Bahn erhalten hätte, bewirkte letztendlich, dass man sich notgedrungen mit dem Erreichten abfand. Schließlich hatte Eichstätt selbst eine schmalspurige Straßen-Lokomotiv-Bahn geplant.

Die spektakulärsten Unfälle ereigneten sich im Bereich der Brückenauf- und Brückenabfahrten bei der Hofmühle. Am 3. August 1901 geriet beim Nachmittagsgüterzug der mit Papierholz beladene mittlere Wagen ins Wanken und stürzte in die Altmühl.

3

Schmalspurbahn Eichstätt Stadt–Kinding

Nach Eröffnung der Eichstätter Schmalspurbahn wurde aus dem Altmühltal schon bald der Ruf nach einer Verlängerung bis Kipfenberg und Kinding, ja sogar Beilngries oder Greding laut. Kipfenbergs Anschluss an das Eisenbahnnetz war erstmals 1877 im Gespräch gewesen, als die Generaldirektion zwei Linienführungen für eine Vicinalbahn vom Bahnhof zur Stadt Eichstätt vorschlug. Die sogenannte Kipfenberger Linie sollte östlich von Eichstätt bis Böhming dem Flusstal folgen und dort in die Ingolstadt-Hersbrucker Bahn münden (vgl. Abb. S. 21). Nach Überqueren der Altmühl blieb die Hauptbahn von Kipfenberg bis Beilngries auf dem linken Flussufer. Im selben Jahr wurde von Kinding eine Bahn über Greding nach Pleinfeld/Roth, von Beilngries über Riedenburg und Kelheim mit Anschluss an die Donautalbahn Regensburg–Ulm projektiert. Keines dieser Projekte gelangte zur Ausführung, entsprachen doch die Baukosten – allein für die „Kipfenberger Linie“ 4,6 Mio. Mark (172.600 M/km) – nicht der erwarteten Rentabilität.

So können wir uns die Altmühltalbahn in Kipfenberg um 1925 vorstellen: Die Burg auf dem Jurafelsen, der Ort und das Bahnhofsgebäude bilden den Hintergrund für den nach Eichstätt abfahrenden Personenzug. Zuglok ist die 99 073 (bay. LE III Nr. 981).

Normalspurig oder schmalspurig ins Tal?

Nach Verabschiedung des ersten Lokalbahngesetzes am 28. April 1882 war klar, dass Bahnen von lokaler Bedeutung nicht in Form von Durchgangsstrecken, sondern nur als Stichbahnen oder „Saugadern der Hauptbahnen" – so der zuständige Minister von Crailsheim – realisiert werden konnten. Im Sommer 1888 erhielten Beilngries und Greding Lokalbahnanschluss nach Neumarkt bzw. nach Roth. Das Projekt einer Strecke von Kelheim durch das Altmühltal bis Kinding mit Fortsetzung über Greding nach Pleinfeld/Georgensgmünd/Roth wurde ebenso zurückgestellt wie die Verbindung Ingolstadt–Hersbruck. Mit beiden Verbindungen hätte sich der Staat unerwünschte Konkurrenzlinien zu den Hauptbahnen des Eisenbahndreiecks Nürnberg/Regensburg/Ingolstadt (vgl. Streckenkarte S. 111) geschaffen, die eine geringere Länge als diese aufwiesen und ihnen damit Verkehr entziehen würden.

So stellte die Landstraße im Altmühltal weiterhin die einzige Verkehrsader dar. Beilngries war von Eichstätt aus einmal täglich mit der Postkutsche in sechs Stunden zu erreichen.

Gerade Kipfenberg wollte auf den Bahnanschluss nicht verzichten, und der „Eichstätter Kurier" charakterisierte 1886 die Stimmung in dem Marktflecken trefflich: „Von den Nachbarstädten Beilngries und Greding bekommt jede eine Eisenbahn; Kipfenberg schaut aber nach einer solchen vergeblich, wie die Juden nach dem Messias, aus." Zusammen mit Kinding wurde ein Eisenbahnkomitee gegründet, das im Sommer 1887 eine Petition für eine Lokalbahn Ingolstadt–Kipfenberg–Kinding einreichte, sich zur Übernahme der Grunderwerbskosten bereiterklärte und auf die kostengünstige Ausführung verwies.

Dem Wunsch wurde seitens der Staatsregierung jede Aussicht auf Verwirklichung abgesprochen. Auch der Versuch, die Strecke 1890 mit Hilfe der Localbahn-A.G. (LAG) in München als Privatbahn zu realisieren, scheiterte. Die LAG wollte die Bahn zwar projektieren, nicht jedoch bauen und betreiben.

Allein der staatliche Bahnbau ab Eichstätt bot somit Chancen für einen Bahnanschluss von Kipfenberg und Kinding. Am 16. Oktober 1891 richteten die vereinigten Eisenbahnkomitees Eichstätt-Kipfenberg-Kinding an die Staatsregierung ein Gesuch um Verlängerung der Schmalspurbahn bis Kinding. Die Bauabteilung der Generaldirektion unter Gustav Ebermayer befürwortete das Projekt bis Kipfenberg. Der Verkehr Kindings sei mehr auf Nürnberg ausgerichtet. Das für die Eichstätter Bahn zu erwartende geringe Verkehrsaufkommen rechtfertige den Bahnbau über Kipfenberg hinaus nicht. Im Januar 1892 reiste eine Deputation nach München, um das Gesuch vom Oktober 1891 durch mündliche Vorsprache zu untermauern. Man verwies vor allem auf die wirtschaftliche Bedeutung für das fragliche Gebiet, dessen Personenverkehr in Folge der politischen, gerichtlichen und kirchlichen Einteilung in erster Linie auf Eichstätt ausgerichtet sei. Auch der aufkommende Fremdenverkehr würde von der Bahn profitieren und den Zügen zu einer stärkeren Frequentierung verhelfen. Gleichzeitig äußerte man die Bitte, die Bahn von Kinding bis Greding und Beilngries zu verlängern.

Nachdem Ingenieur Zeulmann am 8. Juni 1892 die technischen Voraussetzungen untersucht und den Bahnbau als realisierbar eingestuft hatte, wurde die Generaldirektion am 15. März 1893 ermächtigt, neben „einer vollständigen Projektierung der Strecke Eichstätt–Kipfenberg auch ein einfaches Recognoscierungsproject bis Kinding“ auszuarbeiten. Wirtschaftliche Gründe (Glasfabrik Grösdorf, Holz- und Hopfentransporte) sprachen für Kinding. Eine Schmalspurbahn dorthin erwies sich zudem als kostengünstiger als die Fortsetzung der Normalspurbahnen von Beilngries oder Greding nach Kinding.

Nun versuchte man aus der Ingolstädter Ecke das Projekt zu verhindern. Ein Eisenbahnkomitee schlug im März 1894 eine Verbindung Ingolstadt–Kösching–Stammham–Denkendorf–Kipfenberg–Kinding u.a. mit dem Argument vor, eine Schmalspurbahn habe wegen der Unmöglichkeit des Langholztransports keine Zukunft. Rechtsanwalt Frank vom Eichstätter Komitee trat diesen Behauptungen sofort entschieden entgegen und wies auf die fortgeschrittene Technik bei der Schmalspurbahn hin.

Staatsregierung und Generaldirektion standen zu den einmal gefassten Beschlüssen und ließen am Bahnbau Eichstätt–Kinding nicht mehr rütteln. Somit war die Aufnahme des Projekts in das nächste Lokalbahngesetz gewiss.

Greding erhielt 1888 Lokalbahnanschluss nach Roth, nicht aber nach Beilngries und Eichstätt. Um 1900 ist im Bahnhof Greding eine bay. D XI mit ihrem Personenzug, Eisenbahnern und zahlreichen Zaungästen ins Bild gesetzt worden. Rechts vor dem Lokschuppen steht eine weitere Lokomotive der Gattung D XI.

Lokalbahngesetz von 1896

Im Frühjahr 1895 beendete das Abstecken der künftigen Trasse die Projektierungsarbeiten. Vom 25. bis 27. Juli fanden die Verhandlungen mit den Interessenten und die Begehung der Trasse statt.

Aus dem Protokoll geht u.a. hervor: „In Eichstätt wurde die Begehung der Strecke vom Stadtbahnhof bis zur Aumühle wegen schwieriger Grunderwerbung zurückgestellt, mit den Vertretern der Stadt aber die Erwerbung der Anwesen der Witwe Gehring und des Bäckermeisters Schneller für zusammen 125.000 M besprochen. Insgesamt betrugen die Grunderwerbskosten in Eichstätt 196.233 M, wovon 100.000 M die Stadt Eichstätt, 28.259 M die Distriktsgemeinde Eichstätt und 75.924 M die Distriktsgemeinde Kipfenberg übernahmen."

Zwischen den Gemeinden Pietenfeld und Landershofen erhitzten sich die Gemüter wegen der Anlage eines gemeinsamen Halteplatzes. Schließlich wurde beiden Dörfern eine eigene Haltestelle zugestanden. Pfünz war mit der Führung der Bahnlinie und Errichtung der Haltestelle westlich des Ortes einverstanden. Die vorgesehene Güteragentur sollte von einer „geeigneten Persönlichkeit" geführt werden. Im weiteren Verlauf ging die Begehung der Strecke bis Kipfenberg problemlos vonstatten. Halteplätze wurden für Inching und Böhming, Haltestellen mit Güteragentur für Walting, Pfalzpaint, Gungolding und Arnsberg vereinbart. Die Vertreter der Forstverwaltung wünschten großzügig angelegte Holzlagerplätze und Ladegleise. Diese wurden für Kipfenberg und Kinding genehmigt. Die Gemeinde Grösdorf beantragte keinen Halteplatz, obwohl die Bahn den Ort tangierte. Der Markt Kinding war mit der Anlage der Endstation bei der Maria-Hilf-Kapelle einverstanden. Auf Drängen der Techniker musste der Bahnhof wegen der Hochwassergefahr von Altmühl und Schwarzach nach Westen an den Schellenberg gerückt werden, etwa 600 Meter vom Ort entfernt.

Alle Gemeinden waren bereit, den Baugrund für den Bahnbau kostenlos zur Verfügung zu stellen, die Zufahrts- und Ladestraßen am Bahnhof anzulegen und zu unterhalten. Außerdem gestatteten sie die unentgeltliche Entnahme von Baumaterialien aus Gemeindefluren. Eine erste Kostenberechnung für die 30,160 Kilometer lange Strecke ergab 1.139.000 Mark.

Die projektierte Bahn wurde am 26. Februar 1896 vom Lokalbahnausschuss der Abgeordnetenkammer und am 17. März im Landtag einstimmig genehmigt. Dort hatte der Eichstätter Abgeordnete Zimlich seine etwas wankelmütigen Kollegen mit dem Ausspruch „Lieber schmalspurig fahren, als breitspurig laufen!" auf die Seite Eichstätts und der Talgemeinden gezogen.

Ende April setzten sich der Referent für Lokalbahnen, Reichsrat Ritter von Maffei, und Prinz Ludwig (später König Ludwig III.) nochmals für eine normalspurige Talstrecke und den Umbau der Verbindungsbahn ein. Sie hielten den Bau einer Schmalspurbahn für einen Fehler und führten vor allem technisch-betriebliche Gründe an. Die spätere Entwicklung bestätigte die Richtigkeit ihrer Auffassung. Angesichts der Baukosten befürchtete der Staat aber eine zu langsame Amortisation des Kapitals, während die Anliegergemeinden die höheren Kostenanteile beim Grunderwerb scheuten.

Im Lokalbahngesetz wurde die Wahl der schmalen Spur so begründet: „Für die Bahn Eichstätt Stadt–Kinding wurde als Fortsetzung der schmalspurigen Lokalbahn Eichstätt Bahnhof–Eichstätt Stadt die ein Meter weite Spur gewählt, [...] weil keine Wahrscheinlichkeit besteht, daß die vorwürfige Lokalbahn Anschluß an eine der normalspurigen Lokalbahnen Roth–Greding oder Neumarkt–Beilngries finden wird, [...]. Die Horizontalprojektion der Bahn ist jedoch ohne Erhöhung der Baukosten nach den einer normalspurigen Lokalbahn angepaßten Verhältnissen gestaltet."

Die jährlichen Einnahmen im Personenverkehr wurden auf 32.500 Mark geschätzt. Außer den Fahrten der einheimischen Bevölkerung berücksichtigte man „den Ausflugsverkehr in das an Naturreizen reiche Altmühltal sowie den von Osten kommenden Wallfahrtsverkehr nach Eichstätt". An Frachteinnahmen wurden 23.300 Mark erwartet. Im Stückgutverkehr wurden 1.400 Tonnen, im Wagenladungsverkehr (Bodenplatten, Lang-, Brenn- und Schleifholz) 12.000 Tonnen geschätzt. Aus der Postbeförderung und Nebennutzungen erwartete man 2.800 Mark. Damit betrugen die Gesamteinnahmen 58.600 Mark. Bei drei Zugpaaren am Tag ergaben sich Ausgaben von 56.300 Mark (29.062 Mark Personalkosten, 3.099 Mark für die Erneuerung des Fahrmaterials). Der Einnahmeüberschuss betrug somit 2.300 Mark. Das vom Staat aufzuwendende Baukapital von 1.339.300 Mark würde sich also um 0,2 Prozent jährlich verzinsen.

Die Eichstätter Bahnanlagen der Schmalspurzeit lagen sozusagen auf einer großen „Insel" zwischen der Altmühl und dem im Vordergrund sichtbaren Freiwasser. Im Zuge der Altmühlregulierung (ab 1926) wurde dieser Altmühlarm trockengelegt und so Platz für die Normalspurbahn geschaffen.

Mit dem Bau der Talstrecke erhielt Eichstätt im Jahr 1900 ein an den Stil der Barockbauten der Stadt angelehntes neues Bahnhofsgebäude. Die Zeichnung der Kgl. Eisenbahnbetriebsdirektion Ingolstadt zeigt die Straßenseite.

Im Jahr 1902 wurde der anlässlich der Streckenverlängerung nach Kinding neu errichtete Eichstätter Stadtbahnhof als Betriebszentrale der Schmalspurbahn mit Personal und Schmalspurzug aufgenommen. Hinter der LE mit Triebwerksverkleidung ist ein aufgebockter Normalspurgüterwagen zu sehen.

Erweiterung des Eichstätter Stadtbahnhofs

Für die Detailprojektierung und den Bau der Talstrecke von Eichstätt Stadt nach Kinding wurde in Eichstätt eine Kgl. Eisenbahnbausektion eingerichtet. Anfang Oktober 1896 begannen die Arbeiten. Neben einigen Einheimischen waren vor allem Italiener beschäftigt, die vom verfrühten Wintereinbruch mit Schneefall am 6. Oktober überrascht wurden.

Die Gleisanlagen des Stadtbahnhofs waren dem erhöhten Verkehrsaufkommen nicht mehr gewachsen. Das Bahnhofsplanum wurde daher durch Aufschüttungen in den Domprobsteiwiesen vergrößert. An der Nordseite des Bahnhofsgeländes errichtete man bei der Freiwasserbrücke einen neuen Fachwerk-Lokschuppen mit drei Ständen, einer Werkstatt und einem Wohntrakt mit Bad und Übernachtungsraum im Erdgeschoss sowie Dienstwohnung im 1. Stock. 1902 musste zum Freiwasser hin ein vierter Stand angebaut werden, den man nach Anschaffung der Malletlok 1920 um einige Meter verlängerte. Zur Lokbehandlung diente das neben dem Streckengleis am Lokschuppen vorbeiführende Stumpfgleis mit Wasserkran, Bekohlungspodest, Putzgrube und vier Hebeböcken. Am Gleisende stand ein zum Hilfsgerätewagen umgerüsteter gedeckter Güterwagen. Den Raum zwischen Behandlungsgleis und Freiwasser nahmen Bahnmeisterei und Eisenbahnergärten ein.

Der Lokschuppenneubau erforderte die Verlegung von Bahnhofsausfahrt und Freiwasserbrücke zwischen Kilometer 4,8 und 5,1. Die neue Strecke führte in gerader Linie am Lokschuppen vorbei und querte das Freiwasser in Höhe des Klosterstadels. Aus Gründen der Sparsamkeit brach man in der Nacht vom 10. auf den 11. Oktober 1898 die Brücke an der alten Stelle ab und verlegte sie auf die neuen Pfeiler beim Klosterstadel. Für einen Tag mussten die Reisenden am gegenüberliegenden Freiwasserufer ein- und aussteigen. Die Züge waren mit einer Lok an jedem Zugende bespannt.

Als Betriebszentrale erhielt der Stadtbahnhof zu den zwei mit niedrigen Bahnsteigen versehenen Personenzuggleisen ein drittes Gleis für die Güterzüge ins Tal. Alle drei Gleise waren talseitig zum Streckengleis zusammengeführt. Für die Ausfahrt in Richtung Kinding mussten zwei Wohnhäuser und der Lokschuppen von 1885 weichen. Von der Gegenseite her führte aus dem ersten Personenzuggleis ein Stumpfgleis zur Güterhalle. Fünf Lade- und Abstellgleise zweigten in Höhe des Lokschuppens aus dem Streckengleis ab. Eine gemauerte Laderampe mit kurzem Kopfladegleis lag zwischen den beiden ersten Ladegleisen, die über Gleiswaage und Lademaß verfügten. An das fünfte Ladegleis war ein landwirtschaftliches Lagerhaus angeschlossen.

Nun erhielt Eichstätt endlich ein stattliches Empfangsgebäude. Als Ersatz für das alte Bauwerk wurde ein an die Barockbauten der Stadt angelehnter massiver Neubau durch Minister von Crailsheim am 23. März 1898 persönlich genehmigt – Kosten: 60.000 Mark. Der Abriss des alten Gebäudes begann am 6. Oktober 1898. Die Fertigstellung des neuen Gebäudes mit Dienst- und Warteräumen im Erdgeschoss sowie Dienstwohnungen in den oberen Stockwerken verzögerte sich. Am 18. Mai 1900 konnte der Abgeordnete Zimlich dem Minister den Dank Eichstätts für den gelungenen Bau aussprechen.

Blick von Westen auf Eichstätt: Im Vordergrund hinter der Pappelreihe erkennt man den 1898 erbauten Lokschuppen mit Wohntrakt. Im Hintergrund sind die Stadt, die Stadtmauer sowie Kloster und Kirche St. Walburg zu sehen.

Als Lokomotive der Königlich Bayerischen Staatseisenbahnen (K. Bay. Sts. B.) zeigt sich die Gts 4/4 Nr. 991 um 1917 vor dem Eichstätter Lokschuppen von 1898. Der Kohlentrichter für die halbautomatische Schüttfeuerung ist aus-, die Triebwerksverkleidung abgebaut.

Bau der Talstrecke

In Anbetracht der günstig herzustellenden Trasse, die bis Kipfenberg auf dem rechten, danach bis Kinding auf dem linken Altmühlhochufer verlief und mit einer Normalspur-Kronenbreite von 2,40 Metern angelegt war, kamen die Arbeiten bis zum Frühjahr 1898 gut voran. Größere Erdarbeiten zur hochwasserfreien Führung der Strecke erforderte die Umgehung von Pfünz und Arnsberg. Im Bereich der Haltestelle Walting waren Felssprengungen erforderlich.

Das Gleis erhielt eine durchlaufende Steinrollierung mit darauf befindlichem Kleingeschläge. Die Herstellung des Oberbaus aus 8,7 Zentimeter Stahlschienen mit einem Metergewicht von 15,6 Kilogramm auf hölzernen und eisernen Querschwellen bot den bayerischen Eisenbahntruppen Gelegenheit zu praktischer Übung. Am 28. Mai 1898 trafen ein Offizier und mehrere Unteroffiziere des Eisenbahnbataillons aus München in Eichstätt ein, am 4. Juli rückte die Erste Kompanie des Bataillons mit 14 Unteroffizieren und 106 Mann zum Verlegen der Gleise an. Eine Woche später folgte die Zweite Kompanie, sodass die Gleisstrecke am 25. Juli bis Walting, am 17. September bis Kinding fertiggestellt war. Ebenfalls vom Militär wurde die Telefonanlage längs der Strecke errichtet.

Die Herstellung des Oberbaus und der Telefonanlage von Eichstätt Stadt nach Kinding erfolgte 1898 durch die bayerischen Eisenbahntruppen. Eine aus diesem Anlass aufgelegte Grußkarte zeigt die Soldaten vor dem Lokschuppen in Eichstätt Stadt. Im Hintergrund ist die Willibaldsburg zu sehen.

Die Luftlinie zwischen den Bahnhöfen Eichstätt Stadt und Kinding beträgt rund 18 Kilometer, während die Bahn den Windungen des Tales folgend eine Strecke von 30,160 Kilometern zurücklegte. Mit einer Höhe von 374 Metern lag der Bahnhof Kinding um 15 Meter tiefer als Eichstätt Stadt (389 Meter). Die größte Steigung betrug in Richtung Kinding zwischen Freiwasserbrücke und Aumühle in Eichstätt sowie an der Kipfenberger Altmühlbrücke 15 Promille, in der Gegenrichtung an der Altmühlbrücke und von Gungolding nach Pfalzpaint 14 Promille. Aufgrund der weiten Krümmungen des Tales konnten die Bahnbauer mit einem kleinsten Radius von 300 Metern auskommen. Lediglich bei der Ausfahrt Eichstätt Stadt wiesen die Auffahrten zur Freiwasserbrücke beim Spital einen Radius von 150 bzw. 180 Metern auf. Die Höchstgeschwindigkeit betrug 30 km/h.

Die Hochbauten in Kipfenberg und Kinding wurden als Steinbauten mit Vordach ausgeführt. Die Haltestellen Pfünz, Walting, Pfalzpaint, Gungolding und Arnsberg erhielten Agenturgebäude in Holzbauweise mit Güterschuppen und Dienstraum. Vorhanden waren Ausweichgleis(e), Lager- und Verladeplätze für Lang- und Stückholz, eine Rampe für Stirn- und Seitenverladung sowie eine Gleiswaage. Der Betriebsdienst wurde durch in den Dörfern wohnende Güteragenten wahrgenommen. Halteplätze mit hölzernen Unterstandsbuden gab es in Landershofen, Gungolding und Böhming. Pietenfeld, Inching und Ilbling mussten sich mit einer Halteplatztafel begnügen.

Der Bahnhof Kipfenberg (Aufnahme um 1900) lag am westlichen Ortsrand unterhalb des Michelsbergs. Von 1929 bis 1932 endeten hier die Züge der Schmalspurbahn aus Eichstätt. Ab Dezember 1932 war Beilngries–Kinding–Kipfenberg–Eichstätt Stadt durchgehend normalspurig befahrbar.

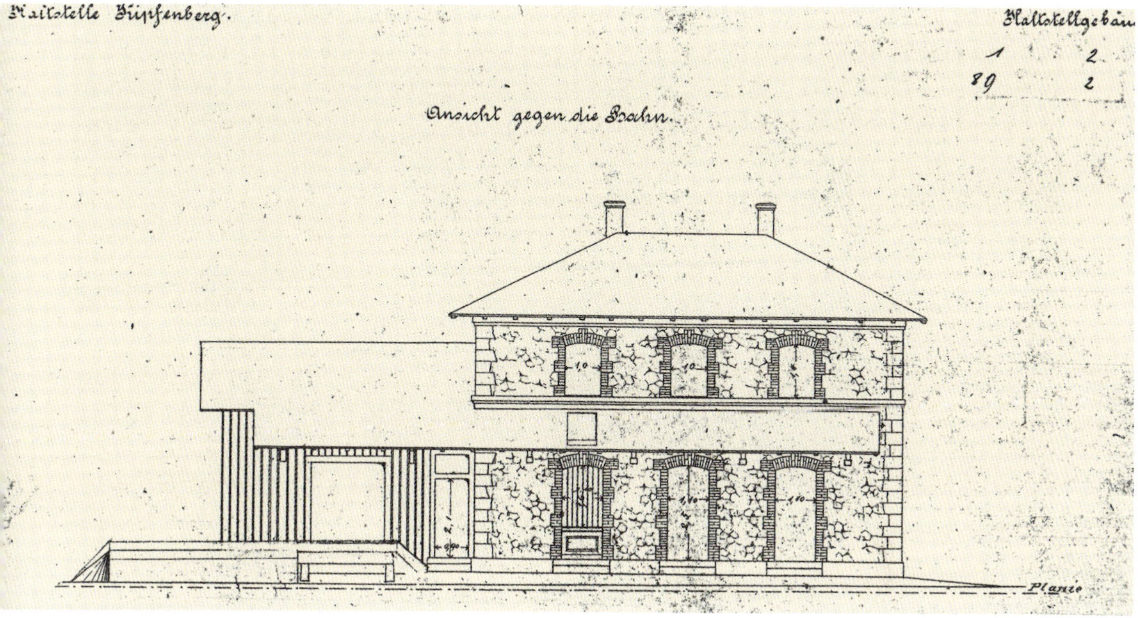

Das Bahnhofsgebäude von Kipfenberg war als massiver Steinbau (Jurabruchstein) mit Vordach ausgeführt. Die im Dezember 1897 von der Kgl. Eisenbahnbausektion Eichstätt gefertigten Zeichnungen zeigen die Ansicht des Gebäudes mit angebautem hölzernem Güterschuppen gegen die Bahn (oben) und die beiden Giebel-Ansichten (unten).

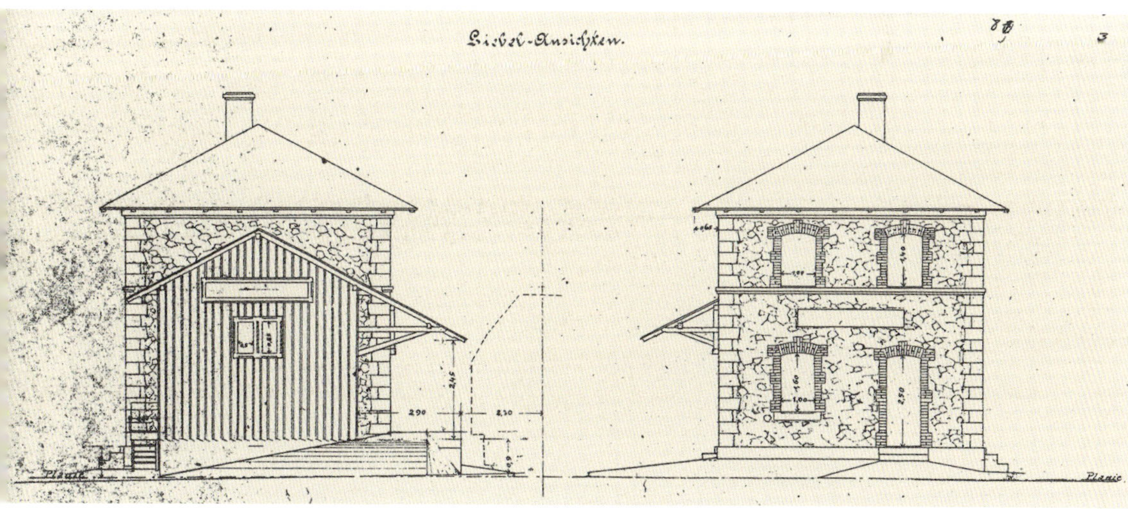

Die Haltestellen der Talstrecke besaßen die für Bayern typischen Agenturgebäude in Holzbauweise. In Walting, Pfalzpaint und Gungolding war der Güterschuppen rechts, in Pfünz und Arnsberg links angebaut. Am 25. Mai 1960 wartete Carl Bellingrodt am Arnsberger Agenturgebäude auf den Zug nach Eichstätt.

Als Endbahnhof besaß Kinding einen einständigen Lokschuppen, Wasserkran und Bekohlungspodest. In Gungolding konnten an einem freistehenden Wasserkran die Wasservorräte ergänzt werden. Die Bahnhöfe Eichstätt Stadt und Kipfenberg waren an beiden Enden durch drahtzugbetätigte, einflügelige Einfahrsignale ohne Vorsignale geschützt. Ausfahrsignale gab es nicht. In Eichstätt Stadt waren an wichtigen Weichen beleuchtbare Weichenlaternen angebracht.

Während des Bahnbaus kamen ab Mitte Juli die LE-Lokomotiven vor Bau- und Materialzügen zum Einsatz und erreichten am 18. August 1898 erstmals den Bahnhof Kipfenberg. Das bedeutendste Ereignis stellte am 22. August die Lastprobe der von der Würzburger Maschinenfabrik Noell & Co gefertigten Kipfenberger Altmühlbrücke mit drei Öffnungen von 30 bis 35 Metern lichter Weite und eisernen Fachwerkträgern dar. Der Probezug aus zwei LE-Lokomotiven und vier schwer beladenen offenen Güterwagen befuhr die Brücke einmal in langsamer, dann in schneller Fahrt. Aufgrund des positiven Ergebnisses gab die Prüfungskommission, bestehend aus den Bezirksingenieuren Ebert (Ingolstadt) und Merz (Eichstätt), das Bauwerk für den Betrieb frei.

Für den Bahnbau musste der Staat 1.139.300 Mark aufwenden, während Eichstätt und die Interessenten entlang der Strecke für Grunderwerb und Sonstiges 209.700 Mark trugen. Der Kilometerpreis von 37.800 Mark lag höher als bei der billigsten bayerischen Lokalbahn von Neumarkt nach Beilngries (33.200 Mark/Kilometer), war aber dennoch um gut ein Drittel niedriger als bei der Stammstrecke.

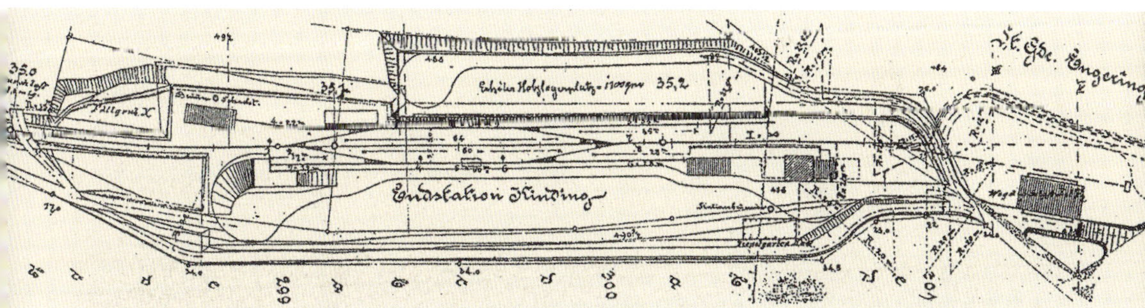

Gleisplan der Lokalbahnendstation Kinding mit Lokschuppen, Wasserkran und Bekohlungspodest (links oben). Für den Holztransport wurde ein erhöhter Holzlagerplatz angelegt.

◄ Zuvor hatte er mit Gerhard Krauth den werktäglichen Güterzug von Kinding nach Eichstätt fotografiert. Zuglok war die 64 110 des Bw Ingolstadt. Zwischen Arnsberg und Böhming blieb 1898 beim Bau der Schmalspurbahn nur wenig Platz zwischen Fluss, Straße und steil aufragenden Jurafelsen.

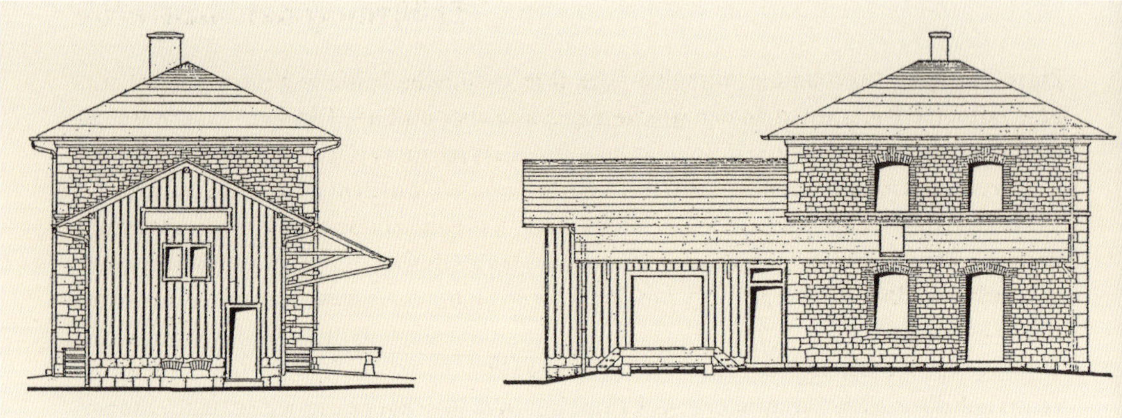

Das Stationsgebäude von Kinding war ein massiver Steinbau (Jurabruchstein) mit Vordach. Die im Dezember 1897 von der Kgl. Eisenbahnbausektion Eichstätt gefertigten Zeichnungen zeigen eine Ansicht mit dem angebauten hölzernen Güterschuppen gegen die Bahn (rechts) und eine Giebelansicht (links).

Von der „Bahnhofrestauration Kinding" gab es zu Beginn des vergangenen Jahrhunderts sogar eine Ansichtskarte. Während das Kindinger Bahnhofsgebäude bis heute erhalten geblieben ist, fiel die Gaststätte 1936 dem Bau der Reichsautobahn Berlin–Nürnberg–München zum Opfer.

Eröffnung der Talstrecke

Zwar hatte die Kipfenberger Altmühlbrücke ihre technische Prüfung am 22. August 1898 bestanden, die Bauarbeiten an der Strecke zogen sich aber bis Ende Oktober hin. Die technische Prüfung der gesamten Bahnanlagen konnte daher erst am 29. Oktober 1898 durchgeführt werden. Neben einigen Herren der Generaldirektion und Offizieren des Eisenbahnbataillons nahm Eichstätts Bürgermeister Mager an der um 11.40 Uhr am Stadtbahnhof beginnenden Probefahrt teil. Die Bürgermeister der Landgemeinden stiegen an den jeweiligen Stationsorten zu. Nach gründlicher Überprüfung von Strecke und Stationsanlagen war man um 17.40 Uhr zurück in Eichstätt.

Als erster Betriebstag wurde der 7. November 1898 festgelegt. Die feierliche Einweihung der neuen Lokalbahn fand mit dem um 7.55 Uhr in Eichstätt Stadt abfahrenden Zug statt. Lokomotive und Wagen waren festlich geschmückt. Böllersalven verkündeten den Eichstättern die erste Fahrt eines Zuges ins Tal. An der Eröffnungsfahrt nahmen die Mitglieder des Eisenbahnkomitees, der Eichstätter Bürgermeister Mager, Bezirksamtmann Müller und Postmeister Stiglhofer zur Kontrolle des neuen Bahnpostdienstes im Postabteil des Gepäckwagens teil.

Auch sämtliche Stationen waren geschmückt und weiß-blau geflaggt. Die Gemeindevertreter, angeführt vom Bürgermeister, Abordnungen der örtlichen Vereine und die Bevölkerung begrüßten mit Hochrufen den ersten planmäßigen Zug. Von der Burg Kipfenberg ertönten ebenfalls Böllersalven. Nach der Ankunft in Kinding hielt Bürgermeister Mager eine Ansprache an die Bewohner des unteren Altmühltals und betonte den verbindenden Charakter der Bahn. Zugleich äußerte er den Wunsch, die Linie möge schon bald bis Beilngries oder Greding verlängert werden.

Auf der Rückfahrt fand in Kipfenberg eine längere Zusammenkunft statt. Bürgermeister Mager erläuterte nochmals die Geschichte der Eisenbahn im Altmühltal und gedachte besonders der Bemühungen des inzwischen verstorbenen Bürgermeisters Fehlner. Hochs wurden auf die Landtagsabgeordneten Dr. Orterer und Zimlich ausgebracht, Danktelegramme an Minister von Crailsheim, Generaldirektor von Ebermayer und den Abgeordneten Dr. Orterer gesandt. Mit dem letzten Zug des Tages fuhr man nach Eichstätt zurück.

Eichstätt Stadt war jetzt Sitz der Lokalbahnbetriebsleitung und Station II. Klasse. Das Betriebspersonal umfasste ab November 1898 zusätzlich den Betriebsleiter (Oberexpedient), seinen Adjutanten, einen Lokführer S II, einen fahrfertigen Heizer S III, einen Hilfsheizer – auch als Hilfsbremser eingesetzt – sowie einen Lokalbahnschaffner für Zugbegleit- und Ablösedienst.

Die Stationen Kipfenberg und Kinding wurden von im Lokalbahn-Güterabfertigungsdienst ausgebildeten Wärtern betreut, die mit ihren Familien in den Stationsgebäuden wohnten. Für die fünf übrigen Haltestellen wurden ortsansässige Personen mit der Aufgabe des Güteragenten betraut. Die Bahnmeisterei Eichstätt war für die Unterhaltung der Strecke verantwortlich.

Schmalspurbetrieb von 1898 bis 1934

Ab 7. November 1898 verkehrten drei Zugpaare zwischen Eichstätt Bahnhof und Kinding sowie sieben weitere Paare auf der nun als „Stammstrecke“ bezeichneten Verbindungsbahn. Laut Fahrplan vom 1. Mai 1899 verließen die Kindinger Züge Eichstätt Bahnhof um 7.15 Uhr, 14 Uhr und 19 Uhr. Der Aufenthalt im Stadtbahnhof wurde zum Beistellen von Güterwagen und zum Wasserfassen genutzt. Beim Bahnhofsumbau war dazu am Kindinger Streckengleis ein Wasserkran errichtet worden. Die Zugfahrt auf der Talstrecke bis Kinding dauerte anschließend 110 Minuten. In der Gegenrichtung verließen die Züge Kinding um 6 Uhr, 10.25 Uhr und 17.40 Uhr (115 Minuten Fahrzeit).

Auf der Stammstrecke verkehrte vormittags und nachmittags je ein Güterzugpaar, auf der Talstrecke wurden die Güterwagen und aufgebockten Normalspurwagen meist von den Personenzügen mitgeführt. Bei erhöhtem Frachtaufkommen wurde ein Güterzugpaar eingelegt. Die Eichstätter Gasfabrik erhielt ab 1898 ihre Kohle durch die Schmalspurbahn. Die offenen Güterwagen stellte man zum Entladen auf der freien Strecke ab.

Auf Ersuchen der Bewohner der Eichstätter Ostenvorstadt richtete die Generaldirektion im Jahr 1900 am Kilometer 5,86 zwischen Gasfabrik und Aumühle einen Haltepunkt ein. Nicht erfüllt wurde der Wunsch Eichstätts nach einer Schrankenanlage an der Spitalkreuzung. Stattdessen beschränkte man die Geschwindigkeit der Züge auf 5 km/h und ordnete ständiges Läuten und Pfeifen an.

1899 wurden auf der Gesamtstrecke 223.197 Reisende und 46.664,590 Tonnen Güter befördert. Einnahmen von 109.096 Mark standen Ausgaben von 74.737 Mark gegenüber. Der Betriebsüberschuss belief sich auf 34.359 Mark. Leider blieb es nicht bei diesen günstigen Ergebnissen. Schon 1904 wurde ein Fehlbetrag von 16.984 Mark notiert. Minister von Crailsheim bezeichnete die Strecke als „zu den am wenigsten rentablen Linien gehörig“ und machte als Hauptursache die Verlängerung der früher florierenden Stammstrecke ins Tal aus. Ein weiterer Grund war der Umstand, dass man 1898 die Höchsttarife im Personen- und Güterverkehr aufgehoben und die bei normalspurigen Lokalbahnen gültigen Tarife (einschl. „Retourbilletten“ mit Preisermäßigung) eingeführt hatte. Das Defizit im Güterverkehr erforderte ab 1913 neue Sondertarife für das Umladen von Wagenladungen und das Umsetzen von Normalspurgüterwagen.

Die Erhöhung der Streckenhöchstgeschwindigkeit auf generell 30 km/h ermöglichte zusammen mit Begradigungen im Bereich des „Hofmühl-Kellers“ und an der Einfahrt in den Stadtbahnhof auf der Stammstrecke eine Fahrzeitverkürzung von 5 Minuten. Nun war auch der Transport von Langholz mit einer Stammlänge von maximal 21,33 Metern möglich. Eingesetzt wurden entweder zwei schmalspurige Langholzwagen oder zwei normalspurige Langholzwagen auf je zwei Rollböcken.

Mit einem von der Firma Noell gelieferten Umladekran konnten in Eichstätt Bahnhof ganze Holzladungen von Schmal- auf Normalspurgüterwagen übergehen. Neben der Rollbockgrube wurde ein weiteres Gütergleis anlegt, die Ladehalle wurde vergrößert und in das schmalspurige Umladegleis eine 6,80 Meter lange Gleiswaage von 20 Tonnen Tragkraft eingebaut. An der

Einfahrt aus Wasserzell legte man ein zusätzliches Ausweichgleis an. Das Dolomitschotterwerk erhielt ein Anschlussgleis.

Der Lokbestand wurde bis 1920 um die LE IV und LE V sowie die Gts 4/4 und Gts 2x3/3 für den Güterzugdienst aufgestockt. Während des Ersten Weltkriegs wurde zeitweise die Pts 3/4 Nr. 1102 der Schmalspurbahn Neuötting–Altötting auf der Talstrecke eingesetzt.

In den Eichstätter Bahnhöfen, in Kipfenberg und Kinding wurden die Lokalbahnfahrscheine am Schalter ausgegeben. An den übrigen Haltestellen verkaufte der Zugführer die Fahrkarten in Form schmaler Kartonstreifen, die von einem Block abgerissen und der Strecke entsprechend gelocht wurden. Wer aus dem Tal kommend in die Hauptbahn umsteigen wollte, musste dort am Schalter eine Fahrkarte für die Weiterreise kaufen. Bei starkem Verkehrsaufkommen war hier Ärger unvermeidbar. Nach ständigen Reklamationen wurden ab Eichstätt Stadt, Kipfenberg und Kinding Edmonson'sche Fahrkarten bzw. Blankofahrscheine für die Hauptbahn ausgegeben. Ab August 1910 konnten Fahrkartenverkauf und Gepäckabfertigung zur Hauptbahn auch in Pfünz, Walting, Pfalzpaint und Arnsberg erfolgen. Die dortigen Güteragenten waren im Jahr zuvor für die selbstständige Führung von Stationen ausgebildet und mit der Erledigung aller anfallenden Dienstgeschäfte betraut worden. Zum 1. März 1911 wurde die Lokalbahnbetriebsleitung in Eichstätt Stadt aufgelöst. Der Bahnhof blieb Zugaufsichtsstelle für die Schmalspurbahn.

Bis 1914 verkehrten zwischen Bahnhof und Stadt zwölf Personen- und zwei Güterzugpaare. Ab 1. November 1914 wurde das Zugangebot auf der Stammstrecke auf acht Paare reduziert, die drei Zugpaare der Talstrecke wurden beibehalten. Während der Kriegsjahre entfielen die Halte an der Schlagbrücke und in Wasserzell. Ab 1. Februar 1917 wurde die Zahl der Kindinger Züge auf zwei Paare beschränkt, gleichzeitig ein Güterzugpaar für die Holztransporte fest eingelegt.

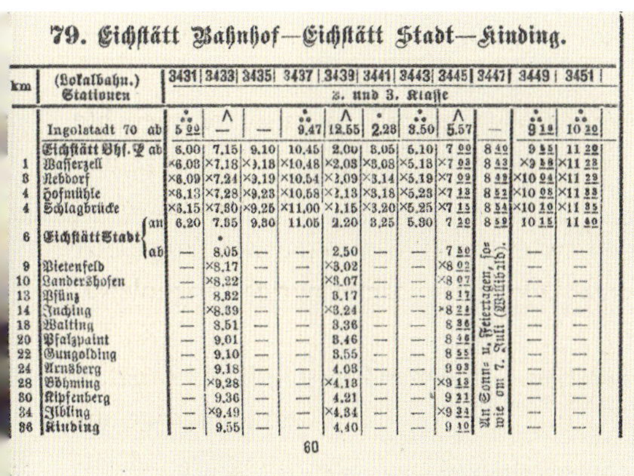

79. Eichstätt Bahnhof–Eichstätt Stadt–Kinding.

km	(Lokalbahn.) Stationen	3431	3433	3435	3437	3439	3441	3443	3445	3447	3449	3451
		2. und 3. Klasse										
		⁖	Λ		⁖	Λ	•	⁖	Λ		⁖	⁖
	Ingolstadt 70 ab	5 00	—	—	9.47	12.55	2.28	3.50	5.57	—	9 18	10 20
	Eichstätt Bhf. ab	6.00	7.15	9.10	10.45	2.00	3.05	5.10	7 00	8 40	9 55	11 20
1	Wasserzell	×6.03	×7.18	×9.18	×10.48	×2.03	×3.08	×5.18	×7 03	8 43	×9 58	×11 23
3	Rebdorf	×6.09	×7.24	×9.19	×10.54	×2.09	×3.14	×5.19	×7 09	8 49	×10 04	×11 29
4	Hofmühle	×6.13	×7.28	×9.23	×10.58	×2.13	×3.18	×5.23	×7 13	8 52	×10 08	×11 33
4	Schlagbrücke	×6.15	×7.30	×9.25	×11.00	×2.15	×3.20	×5.25	×7 15	8 54	×10 10	×11 35
6	Eichstätt Stadt an	6.20	7.35	9.30	11.05	2.20	3.25	5.30	7 20	8 59	10 15	11 40
	Eichstätt Stadt ab	—	8.05	—	—	2.50	—	—	7 30	An Sonn- u. Feiertagen, sowie am 7. Juli (Willibald).	—	—
9	Pietenfeld	—	×8.17	—	—	×3.02	—	—	×8 02		—	—
10	Landershofen	—	×8.22	—	—	×3.07	—	—	×8 07		—	—
13	Pfünz	—	8.32	—	—	3.17	—	—	8 17		—	—
14	Inching	—	×8.39	—	—	×3.24	—	—	×8 24		—	—
18	Walting	—	8.51	—	—	3.36	—	—	8 36		—	—
20	Pfalzpaint	—	9.01	—	—	3.46	—	—	8 46		—	—
22	Gungolding	—	9.10	—	—	3.55	—	—	8 55		—	—
24	Arnsberg	—	9.18	—	—	4.03	—	—	9 03		—	—
28	Böhming	—	×9.28	—	—	×4.13	—	—	×9 13		—	—
30	Kipfenberg	—	9.36	—	—	4.21	—	—	9 21		—	—
34	Ilbling	—	×9.49	—	—	×4.34	—	—	×9 34		—	—
36	Kinding	—	9.55	—	—	4.40	—	—	9 40		—	—

60

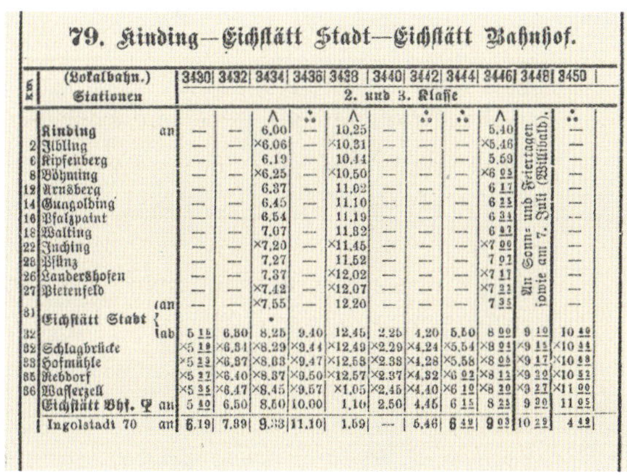

79. Kinding–Eichstätt Stadt–Eichstätt Bahnhof.

km	(Lokalbahn.) Stationen	3430	3432	3434	3436	3438	3440	3442	3444	3446	3448	3450
		2. und 3. Klasse										
				Λ	⁖	Λ		⁖	⁖	Λ		⁖
	Kinding an	—	—	6.00	—	10.25	—	—	—	5.40	An Sonn- und Feiertagen sowie am 7. Juli (Willibald).	—
2	Ilbling	—	—	×6.06	—	×10.31	—	—	—	×5.46		—
6	Kipfenberg	—	—	6.19	—	10.44	—	—	—	5.59		—
8	Böhming	—	—	×6.25	—	×10.50	—	—	—	×6 05		—
12	Arnsberg	—	—	6.37	—	11.02	—	—	—	6 17		—
14	Gungolding	—	—	6.45	—	11.10	—	—	—	6 25		—
16	Pfalzpaint	—	—	6.54	—	11.19	—	—	—	6 34		—
18	Walting	—	—	7.07	—	11.32	—	—	—	6 47		—
22	Inching	—	—	×7.20	—	×11.45	—	—	—	×7 00		—
23	Pfünz	—	—	7.27	—	11.52	—	—	—	7 07		—
26	Landershofen	—	—	7.37	—	×12.02	—	—	—	×7 17		—
27	Pietenfeld	—	—	×7.42	—	×12.07	—	—	—	×7 22		—
31	Eichstätt Stadt an	—	—	×7.55	—	12.20	—	—	—	7 35		—
32	Eichstätt Stadt ab	5 15	6.30	8.25	9.40	12.45	2.25	4.20	5.50	8 00	9 10	10 40
32	Schlagbrücke	×5 19	×6.34	×8.29	×9.44	×12.49	×2.29	×4.24	×5.54	×8 04	×9 15	×10 44
33	Hofmühle	×5 22	×6.37	×8.33	×9.47	×12.53	×2.33	×4.28	×5.58	×8 08	×9 17	×10 48
35	Rebdorf	×5 27	×6.40	×8.37	×9.50	×12.57	×2.37	×4.32	×6 02	×8 12	×9 20	×10 52
36	Wasserzell	×5 35	×6.47	×8.45	×9.57	×1.05	×2.45	×4.40	×6 10	×8 20	×9 27	×11 00
	Eichstätt Bhf. an	5 40	6.50	8.50	10.00	1.10	2.50	4.45	6 15	8 25	9 30	11 05
	Ingolstadt 70 an	6.19	7.39	9.33	11.10	1.59	—	5.46	6 42	9 03	10 29	4 42

Fahrplan Eichstätt Bahnhof–Eichstätt Stadt–Kinding vom Sommer 1899.

Während des Ersten Weltkriegs wurde die Pts 3/4 Nr. 1102 der Schmalspurbahn Neuötting–Altötting nach Angaben von Kreisheimatpfleger Anton Gäck einige Zeit auf der Talstrecke eingesetzt. Danach gelangte sie zu den Heeresfeldbahnen an der Westfront, von wo sie nicht mehr zurückkehrte.

Zum Transport leicht verwunderter Soldaten, die im nahen Eichstätter Krankenhaus behandelt worden waren, wurde am 26. März 1915 an der Aumühle ein Schmalspurzug bereitgestellt.

Vom Betrieb der Eichstätter Schmalspurbahn gibt es nur wenige Aufnahmen aus der Länderbahnzeit (bis 31. März 1920). Ein Foto von 1919 zeigt die LE V (DRG 99 075) mit bayerischer Beschriftung vor einem Personenzug nach Eichstätt im Bahnhof Kipfenberg mit Zug- und Stationspersonal.

In Kipfenberg hat das Sägewerk August Mayr einen aufgeschemelten offenen Güterwagen mit Schnittholz beladen. Die Gts 4/4 Nr. 151 wird ihn mit dem Güterzug nach Eichstätt Bahmhof bringen. Wie die LE V trägt sie Anfang der 1920er-Jahre noch die bayerische Beschilderung.

An Freiwasser und Heilig-Geist-Spital vorbei lief am 2. Juli 1925 der Lokalbahnzug aus Kinding in den Eichstätter Stadtbahnhof ein. Der kleine Beobachter ist der Sohn des Fotografen Dr. Edwart Mager.

Im Sommer 1930 fotografierte Herman Maey die Lokomotiven der Eichstätter Schmalspurbahn. Als die 99 072 mit einem Personenzug ins Tal die Spitalkreuzung überquerte, war das Freiwasser bereits trockengelegt und der Abschnitt Kinding–Kipfenberg der Talstrecke normalspurig in Betrieb.

Die 99 075 (LE V) trifft mit einem Zug aus dem Tal in Eichstätt ein. Auf dem Bild von Peter König ist die Führung von Bahn und Straße an der Spitalkreuzung zu sehen. Eine von der Stadt Eichstätt gewünschte Schrankenanlage kam erst 1958 – zwei Jahre später wurde der Personenverkehr ins Tal eingestellt.

Auch nach der Jahrhundertwende blieb die Schmalspurbahn nicht von Unfällen verschont. Über die wohl spektakulärste Entgleisung auf der Kipfenberger Altmühlbrücke am 5. November 1919 berichtete Kreisheimatpfleger Anton Gäck:

„Der durch den verlorenen 1. Weltkrieg verursachte Kohlenmangel führt zu weitgehenden Verkehrsbeschränkungen bei der Eisenbahn. Auf der Strecke Eichstätt Stadt-Kinding verkehrte täglich ein einziges Zugpaar, bestehend aus einer Lokomotive, einem Packwagen, der auch die Post beförderte, und einem einzigen Personenwagen. Reisende gab es in dieser von Geldentwertung und Markenportionen erfüllten Zeit ohnehin fast keine.

An jenem Tag, früh neun Uhr, tat es auf der über die Altmühl führenden fast hundert Meter langen eisernen Brücke einen fürchterlichen Krach, dem ein langanhaltendes Zischen folgte. Von dem aus Richtung Kinding kommenden Zug war offenbar schon im letzten Stück der engen Gleiskurve unmittelbar vor der Brücke die Lokomotive mit allen drei Treibachsen entgleist und von der Wucht der nachfolgenden zwei Wagen in die Brücke hineingeschoben worden, wo sie sich fast quer zur Fahrbahn stellte. Der auf die Lokomotive folgende Packwagen war ebenfalls entgleist und neigte sich bedenklich zur Seite. Den eisernen Trägern der Brücke war es zu verdanken, dass kein größeres Unglück, sondern nur Sachschaden entstand.

Der von der Bahnstation Kipfenberg telefonisch herbeigerufene Gerätezug brauchte den ganzen Nachmittag, um die Strecke für den nächsten Tag frei zu bekommen."

Für diesen Unfall kamen zwei mögliche Ursachen in Frage: Einmal waren durch die Kriegszeiten Oberbau und Gleislage vernachlässigt worden, zum anderen neigten die kleinen LE wegen des kurzen Radstandes von nur 1,80 Metern bei relativ großen Überhängen sehr leicht zum Schlingern und Nicken, was durch die Triebwerksbewegung noch verstärkt wurde.

Selbst die paarweise eingesetzten und mit Baumstämmen beladenen Langholzwagen blieben trotz tiefen Schwerpunkts nicht vor Entgleisungen verschont. Am 20. Juli 1926 sprangen im Zug aus Kinding drei Paar Langholzwagen an der Einfahrt Eichstätt Stadt aus den Schienen. Fast neun Stunden dauerten die Ausbesserungsarbeiten an der Strecke.

Ab Sommer 1919 wurde die Talstrecke mit zwei, die Stammstrecke mit fünf Paaren bedient. Den Tiefststand brachte die Kohlennot im Winter 1919/20 mit zeitweiligen Betriebseinstellungen. Am 21. Januar 1920 meldete die „Eichstätter Volkszeitung", dass anlässlich des teilweise wieder aufgenommenen Personenverkehrs drei Zugpaare auf der Stammstrecke und eines auf der Talstrecke eingesetzt würden. Der Winterfahrplan 1920/21 brachte zwei Zugpaare ins Tal und sieben zwischen den Eichstätter Bahnhöfen. Die Steigerung auf das Vorkriegsniveau ging nur langsam voran. Im Sommer 1927 gab es zehn Zugpaare zur Stadt und drei weitere mit Durchlauf bis Kinding. Auch der Güterzug ins Tal war nun für die Personenbeförderung freigegeben.

Am 15. Mai 1930 ging zwischen Kinding und Kipfenberg, am 15. Dezember 1932 auf der gesamten Talstrecke der Schmalspurbetrieb zu Ende. Um dem vermehrten Verkehrszufluss aus dem Tal Rechnung zu tragen, verkehrten von 1932 bis 1934 auf der Stammstrecke zum Bahnhof an der Hauptbahn Ingolstadt–Treuchtlingen 15 Paare.

Auf der Kipfenberger Altmühlbrücke entgleiste am 5. November 1919 eine LE mit dem Personenzug von Kinding nach Eichstätt und stellte sich quer zum Gleis. Der ebenfalls aus den Schienen gesprungene Gepäckwagen schob sich auf die Lokomotive.

Anlässlich der Altmühlregulierung wurde das Freiwasser im Eichstätter Stadtgebiet trockengelegt. Die Brücke der Schmalspurbahn beim Klosterstadel blieb bis zur Umspurung der Stammstrecke erhalten. Um 1930 war sie Schauplatz für die Entgleisung eines Personenwagens III. Klasse, Baujahr 1908.

Eine Bildrarität stellt diese Aufnahme der Gts 4/4 am Lokschuppen in Eichstätt Stadt dar. Die halbautomatische Schüttfeuerung und die Triebwerksverkleidung sind noch vorhanden, was auf die Zeit vor 1916 schließen lässt. Zahlreiches Personal hat sich an der Maschine versammelt.

Die einzige Heißdampflok der Eichstätter Schmalspurbahn, die Gts 2x3/3 Nr. 996, stammte von der Heeresfeldbahn und hatte während des Ersten Weltkriegs als HF 21 in Frankreich Dienst getan. Im Mai 1920 kam die von Henschel gebaute Mallet nach Eichstätt, wo sie vor dem Lokschuppen aufgenommen wurde.

4

Fahrzeuge der Schmalspurbahn

Die schmalspurige Lokalbahn Eichstätt Bahnhof–Eichstätt Stadt wurde nach den Plänen für eine Straßen-Lokomotiv-Bahn mit 60-Meter-Radius und 25 Promille Steigung erbaut. Der schwache Oberbau der Stammstrecke (auch Verbindungsbahn genannt) mit Gleislage auf oder neben der Landstraße ließ nur ein Metergewicht von maximal 4,5 Tonnen zu. Die Höchstgeschwindigkeit betrug 30 km/h, auf der Landstraße 15 km/h. Diesen Vorgaben musste die Konzeption der Fahrzeuge Rechnung tragen.

Nach dem Vorbild der 1880 eröffneten meterspurigen Feldabahn Dorndorf–Kaltennordheim in Thüringen lieferten Krauss & Co. in München und die Noell'sche Waggonfabrik in Würzburg die Lokomotiven und Wagen für die Erstausstattung der Eichstätter Schmalspurbahn. Die Königlich Bayerischen Staatseisenbahnen verfügten 1885 über keine Erfahrungen mit der schmalen Spurweite und orientierten sich daher an einer bereits bewährten Schmalspurbahn, wie sie die Feldabahn zu dieser Zeit darstellte.

Mit Volldampf bezwingt die 99 201 (Gts 2x3/3) an einem kalten Wintertag die in einem Bogen mit 60-Meter-Radius liegende 1:40-Steigung am Schneckenberg von Wasserzell hinauf nach Eichstätt Bahnhof. Zu Ferienbeginn der Eichstätter Internatsschulen war die Beförderung langer Personenzüge eine Aufgabe der Mallet.

Dampflokomotiven LE I–V (99 071–075)

Die Lokomotivfabrik Krauss & Co. in München baute zur Eröffnung der Stammstrecke die Lokomotiven LE I und LE II zum Preis von je 12.720 Mark. Ab 10. Juli 1885 wurde die LE I Nr. 881 (Fabriknr. Krauss 1595) auf der im Bau befindlichen Strecke erprobt. Dabei zeigten sich Schwierigkeiten beim Befahren der 60-Meter-Bögen. Krauss durfte daher die LE II Nr. 882 (Krauss. 1596) erst nach Änderung der Gleislage und erfolgreich verlaufener Probefahrten der LE I absenden. Am 10. September traf die LE II in Eichstätt ein. Zur Betriebseröffnung standen beide Maschinen zur Verfügung.

Die Konstruktion der LE, abgeleitet von „Lokalbahn Eichstätt", war nicht neu, sondern entstammte einer werksintern als „XXXV" bezeichneten Standard-Leistungsgruppe von Schmalspurtenderloks. Im Werk Sendling wurden standardisierte Kessel und andere Ausrüstungsteile auf Vorrat gebaut und im Baukastensystem dem Wunsch des Bestellers entsprechend zu einer Maschine zusammengesetzt. Vorbild der dreiachsigen Zweizylinder-Nassdampftenderlok (Cn2t) für Eichstätt waren die 1879 für die Feldabahn gebauten Cn2t.

Die großen Überhänge, die sich aus dem Achsstand von nur 1,80 Metern und der Loklänge von 6,10 Metern ergaben, führten im Betrieb zum Nicken und Schlingern, vor allem wenn der Oberbau schon länger nicht durchgearbeitet worden war. Entgleisungen waren oftmals die Folge. Bemerkenswert war die Ausstattung der 30 km/h schnellen Maschinen mit Geschwindigkeitsmessern. Der für Krauss-Lokomotiven typische Kastenrahmen war als zweiteiliger Wassertank ausgebildet. Der genietete, zweischüssige Langkessel mit 105 bzw. 107 (LE III-V) Heizrohren maß zwischen den Rohrwänden 2,20 Meter. Auf dem Kessel saßen der konische Blechkamin, der hohe Dampfdom mit zwei Federwaage-Sicherheitsventilen und der würfelförmige Sandkasten zum Sanden der mittleren Kuppelachse. Das enge Führerhaus wies je zwei ovale Stirn- bzw. Rückwandfenster sowie seitlich große Fensterausschnitte auf. Handläutewerk und Dampfpfeife waren auf dem Dach befestigt. Neben dem Stehkessel (Rostfläche 0,53 Quadratmeter) waren die Kohlevorräte in kleinen Behältern untergebracht. Eine betriebsfähige Maschine wog 18,5 Tonnen, das Metergewicht betrug 3,03 Tonnen.

Von den beiden vor der ersten Kuppelachse liegenden Zylindern wirkte eine lange Treibstange auf die dritte Achse. Die Lokomotiven waren mit der billig herzustellenden Allan-Trick-Steuerung ausgerüstet. Als Ursache heiß laufender Triebwerksteile erwies sich die zum Schutz vor Straßenstaub und gegen das Scheuwerden von Zugtieren angebrachte, ab 1908 demontierte Triebwerksverkleidung.

Die LE I und II besaßen anfangs nur die in Bayern übliche Wurfhebel-Handbremse der Bauart Exter, die Wagen waren handgebremst. 1886 erfolgte der Einbau der Hardy-Saugluftbremse, erkennbar am Ejektor vor dem Sandkasten. Ab April 1908 fand ein Umbau auf die Westinghouse-Druckluftschnellbremse statt. Die Luftbehälter befanden sich auf dem Kesselumlauf vor den Kohlekästen, die Luftpumpe neben der Rauchkammer auf der rechten Seite. Ihr Abdampf wurde durch ein Rohr mit Schalldämpfer hinter dem Kamin abgeleitet.

Die LE IV war ab Werk mit einer Hardy-Saugluftbremse ausgerüstet, erkennbar an dem vor dem Sandkasten stehenden Ejektor. Zum Transport von München nach Eichstätt im Juli 1898 war die Triebwerksverkleidung entfernt worden und die außenliegende Allan-Trick-Steuerung wurde sichtbar.

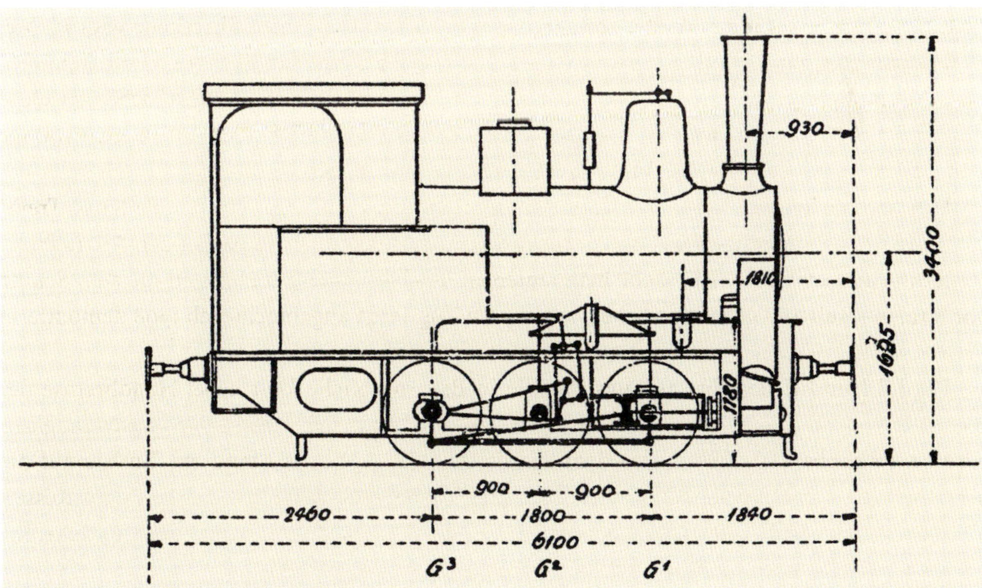

Seitliche Ansicht der nur 6,10 Meter langen dreiachsigen Dampflokomotiven LE I-V (DRG 99 071-075) ohne Triebwerksverkleidung.

Ein Blick auf die Heizerseite der 99 073 (LE III, Baujahr 1892), aufgenommen 1930 in Eichstätt Stadt mit der Klosterkirche St. Walburg im Hintergrund. Gut erkennbar ist das mittlere dreiecksförmige Kupplungsglied.

Den letzten Bauzustand der Gattung LE mit Westinghouse-Druckluftschnellbremse zeigt diese Aufnahme der 99 075, aufgenommen Anfang der 1930er-Jahre in Eichstätt Bahnhof. Als Zugvorrichtung dient die Krauss-Dreiecksschenkelkupplung mit wechselseitig angeordneten Zughaken und dreiteiligen Ketten.

Als Zug- und Stoßvorrichtung diente ein System wechselseitig angeordneter Zughaken, dreigliedriger Ketten und Stoßpuffer mit Stecktösen. Zur Verbindung der Fahrzeuge waren neben jedem Puffer dreigliedrige Ketten angebracht, deren mittleres Glied die Form eines gleichschenkeligen Dreiecks hatte. Beim An- und Abkuppeln war jeweils die längere Seite des Dreiecksgliedes in Funktion, nach erfolgter Kupplung stellte die kürzere Seite eine feste Verbindung zwischen den Fahrzeugen her und die beiden gegenüberstehenden Pufferflächen berührten sich. Die Verbindung von zwei Fahrzeugen mittels zweier Ketten gewährte hinreichende Sicherheit. Das als Krauss-Dreiecksschenkelkupplung bekannt gewordene System blieb bis zur Einstellung des Schmalspurbetriebs in Funktion.

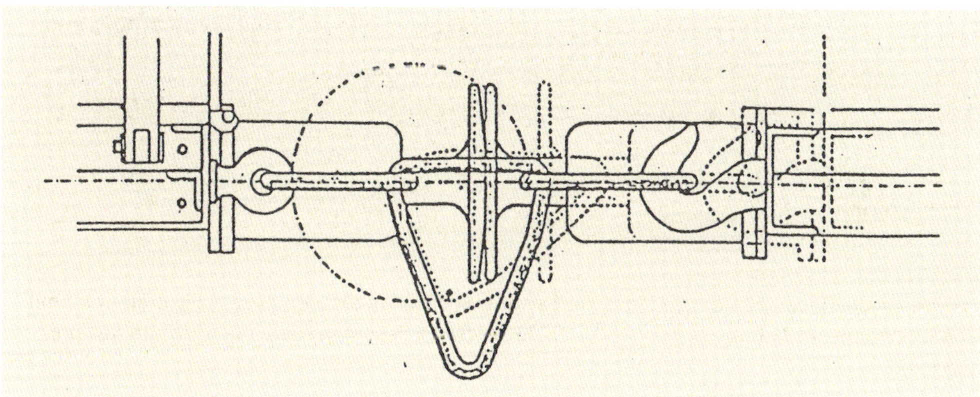

Zeichnerische Darstellung der Krauss-Dreiecksschenkelkupplung.

Bei der Lieferung besaßen die Maschinen einen Scheinwerfer vor dem Schornstein bzw. hinter dem Führerhaus. Nach Anbringen entsprechender Halterungen auf den Pufferbohlen wurden zwei abnehmbare Scheinwerfer jeweils in Fahrtrichtung vorne aufgesteckt.

Die LE III Nr. 981 (Krauss 2675) traf am 30. Oktober 1892 ein. Aufgrund dickerer Bleche, stärkerer Puffer und vorhandener Zugbremse kostete sie 17.750 Mark. Mit dem Bau der Talstrecke bis Kinding kamen die LE IV Nr. 982 (Krauss 3774) am 30. Juli 1898 und die LE V Nr. 983 (Krauss 4180) am 6. Dezember 1900 hinzu. Der Preis betrug nun 18.600 Mark bzw. 19.600 Mark.

Mit einem 40 Tonnen schweren Zug aus vier Wagen bewältigten die 100 PS starken LE die Rampe von Wasserzell zum Bahnhof mit 10 km/h. Sie unterstanden (wie die Gts 4/4 und Gts 2x3/3) dem Bahnbetriebswerk (Bw) Ingolstadt, Lokbahnhof Eichstätt. Die Reichsbahn führte sie als Gattung K 33.6 mit den Nummern 99 071–075. Das Schwarz/Rot der Reichsbahn löste die bayerische Farben Dunkelgrün mit hellen Zierlinien und Schwarz für die im Betrieb heiß werdenden Teile ab.

Nach Umspurung der Talstrecke wurde die 99 072 am 16. Juni 1932, die 99 071 am 14. Dezember 1932 ausgemustert. Den letzten Schmalspurzug von der Stadt zum Bahnhof zogen am 6. Oktober 1934 die 99 075 und 99 151. Am 17. Oktober 1934 erfolgte die Ausmusterung der fünf Lokomotiven, Ende des Monats ihr Abtransport zur Verschrottung.

Diese Werkaufnahme der Lokomotivfabrik Firma Krauss & Co. zeigt die 1909 für den Güterverkehr auf der Schmalspurbahn gebaute Gts 4/4 Nr. 981. Aus dem Führerhausdach ragt der Kohlebehälter für die halbautomatische Schüttfeuerung. Übergangsbrücken ermöglichen dem Zugführer den Zugang zur Lok.

Dampflokomotive Gts 4/4 (99 151)

Nach Verlängerung der Lokalbahn bis Kindung war das gestiegene Verkehrsaufkommen mit den 100 PS starken LE I–V nicht mehr zu bewältigen. Vor allem der Güterverkehr mit Rollbockbetrieb erforderte eine stärkere Lokomotive.

Krauss & Co. entwickelte unter Verwendung der aus dem Jahr 1881 stammenden Kesselgrundform „XLV“ eine vierachsige Zweizylinder-Nassdampftenderlok (Dn2t), die Gemeinsamkeiten mit der LE aufwies. Am 1. März 1909 wurde die Gts 4/4 Nr. 991 (Fabriknr. 5946) zum Preis von 30.000 Mark geliefert.

Trotz 8,45 Metern Gesamtlänge betrug der Achsstand nur 2,60 Meter. Entsprechend groß waren die Überhänge. Zur besseren Kurvenläufigkeit wurden die beiden mittleren Radsätze um jeweils 20 Millimeter seitenverschiebbar ausgeführt. Von der LE übernommen wurden der Treibraddurchmesser (0,80 Meter), die Anordnung der Bremsklötze und der Geschwindigkeitsmesser. In den Rahmen war ein Wassertank von 2,2 Kubikmetern Inhalt eingenietet. Der genietete, zweischüssige Langkessel (108 Heizrohre) maß zwischen den Rohrwänden 3,29 Meter.

Wie bei der LE fehlten Überhitzer und Speisewasservorwärmer; die einteilige Rauchkammertür hatte einen Zentralverschluss. Hinter dem Blechkamin auf gusseisernem Sockel folgte

Mit dem Ausbau der halbautomatischen Schüttfeuerung (1916) entfielen bei der Gts 4/4 auf der Heizerseite die vordere Führerhaustür und das Sicherheitsgeländer. Vor das Führerhaus wurde ein Kohlenkasten gesetzt. Aufnahme der 99 151 im Eichstätter Stadtbahnhof (1930).

der hohe Dampfdom mit den Federwaage-Sicherheitsventilen. Der zweite Kesselschuss trug einen runden Sandkasten mit Fallrohren zum Besanden der zweiten Achse bei Vorwärtsfahrt bzw. der dritten bei Rückwärtsfahrt.

Das geräumige, vollständig geschlossene Führerhaus besaß vorne zwei, hinten drei rechteckige Fenster und seitlich hohe Türen mit Fallfenstern, davor Fensterausschnitte, die durch zurückziehbare Fensterblenden verschließbar waren. Auf dem Dach befanden sich zwei Lüfter, das Dampfläutewerk und die Dampfglocke. Vor der ersten Kuppelachse lagen die beiden leicht geneigten Zylinder, von denen die vierte Kuppelachse angetrieben wurde. Wie bei der LE waren Heusinger-Steuerung und Triebgestänge anfangs verkleidet. Die Probefahrt nach Kinding musste im März 1909 in Kipfenberg unterbrochen und das Gestänge mit Schnee gekühlt werden.

Neben der Handbremse war als Zugbremse eine Westinghouse-Druckluftschnellbremse vorhanden, deren Luftbehälter vorne zwischen den Rahmenwangen lag. Die Luftpumpe saß auf der rechten Seite vor der Rauchkammer, ihr Abdampf wurde direkt in das Blasrohr geleitet. Stärker als bei der LE waren die Zug- und Stoßvorrichtungen ausgeführt. Die schneepflugartigen Schienenräumer entfernte man später ebenso wie die Triebwerksverkleidung, da sie sich als im Betrieb hinderlich erwiesen.

Als 99 151 kam die Gts 4/4 Nr. 991 zur Reichsbahn. Noch zur Staatsbahnzeit hatte man Schienenräumer und Triebwerksverkleidung sowie die halbautomatische Schüttfeuerung entfernt. Das Lokportrait von Hermann Maey entstand 1930 auf der Strecke nach Wasserzell.

Eine technische Besonderheit stellte die halbautomatische Schüttfeuerung dar. Der trichterförmige Kohlenkasten im Führerhaus wurde durch verschließbare Öffnungen im Führerhausdach gefüllt. Das Öffnen eines Schiebers bewirkte das Nachrutschen der Kohle auf den Rost. Der Lokomotivführer hatte nun auch die Aufgabe des Heizers zu übernehmen, der Zugführer bei der Streckenbeobachtung mitzuwirken. Um während der Fahrt auf die Lok zu gelangen, war in der Führerhausrückwand eine Tür mit Übergangsbrücke vorhanden. Vom Führerstand zum Übergang an der Rauchkammer führte eine Tür in der Heizerseite. Am linken Kesselumlauf war ein Sicherheitsgeländer angebracht. Bereits 1916 baute man die Schüttfeuerung wieder aus. Sie hatte sich zwar bewährt, aber die Aufmerksamkeit des Lokführers bei der Streckenbeobachtung war beeinträchtigt. Das Führerhausdach wurde verschlossen, vor die linke Stirntür ein Kohlenkasten gesetzt.

Die Gts 4/4 bewährte sich vor den Langholztransporten, im Rollbockverkehr und vor langen Personenzügen auf der Stammstrecke. Bis 1920 war sie mit 150 PS die stärkste Lok in Eichstätt. Bei der Reichsbahn trug die nicht mehr dunkelgrün, sondern schwarz/rot lackierte Maschine die Gattungsbezeichnung der K 44.7 und die Betriebsnummer 99 151.

Am 6. Oktober 1934 bespannte sie mit der 99 075 den letzten Schmalspurzug. Die Ausmusterung erfolgte am 17. Oktober, der Abtransport zur Verschrottung am 29. Oktober 1934.

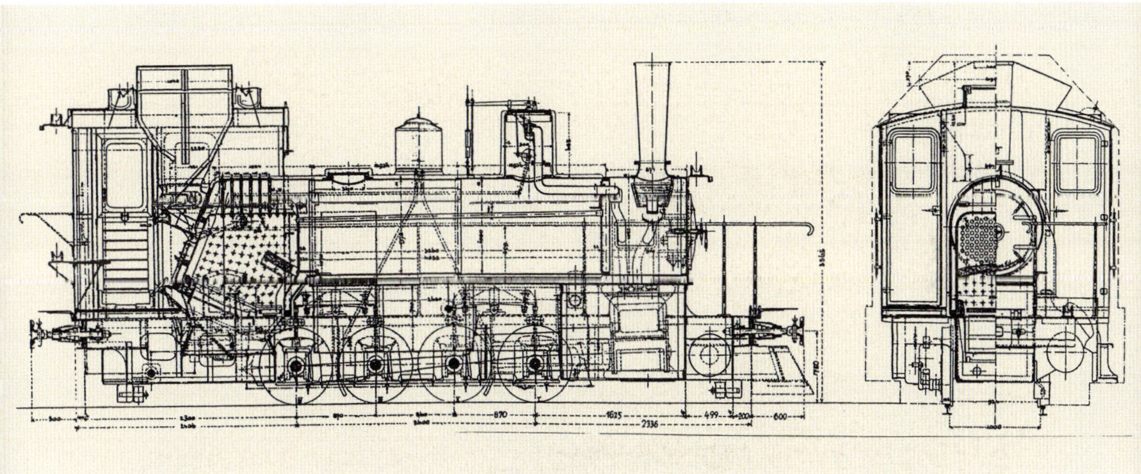

Die Seitenansicht (teilweise Längsschnitt) und die Stirnansicht (teilweise Querschnitt) der Gts 4/4 zeigen auch den für die Einmannbedienung der Lokomotive in das Führerhaus eingebauten Kohlentrichter sowie die Übergangsbrücken. Das Sicherheitsgeländer befand sich auf der Heizerseite.

◂ Nach der letzten Fahrt am 6. Oktober 1934 wurde die 99 151 am 17. Oktober ausgemustert. Die am 29. Oktober nochmals angeheizte Lokomotive schob erst die 99 201 auf den Transportwagen Köln 4917 SS und fuhr danach auf den Köln 11 798 SS. Der Weg führte beide Maschinen in den Hochofen.

Dampflokomotive Gts 2x3/3 (99 201)

Nach dem Ersten Weltkrieg fielen aufgrund der Reparationsleistungen an Frankreich und Belgien im Altmühltal umfangreiche Holztransporte an. Der Verkehr war mit den vorhandenen sechs Lokomotiven, deren Zustand durch den Krieg stark gelitten hatte, nicht mehr zu bewältigen. Für 1920 stand außerdem die Untersuchung der Gts 4/4 an. Ein Lokneubau schied aufgrund von Materialmangel aus. Auf der Suche nach einer Ersatzlok erhielt die ED (Eisenbahndirektion) München am 4. Dezember 1919 ein Angebot des Reichsverwertungsamts (Berlin) in Form einer Heeresfeldbahnlokomotive der Bauart C'C-h4vt zum Preis von 100.000 Mark und zehn Prozent Steuer.

Zur Begutachtung der Lok fuhr der Vorstand der Maschineninspektion Ingolstadt im Februar 1920 nach Kassel. Trotz fehlender Teile hielt er die Mallet für preiswert und für Eichstätt geeignet. Noch vor Vertragsabschluss am 27. Februar 1920 stellte das Ministerium für Verkehrsangelegenheiten in München 110.000 Mark zur Verfügung. Zwei Monate später traf die Lok im Bw Ingolstadt ein, wo sie für den Einsatz im Altmühltal durch die Montage neuer Kupplungen und eines Geschwindigkeitsmessers vorbereitet wurde. Ab Mai war die Gts 2x3/3 Nr. 996 in Eichstätt einsatzbereit.

Mit der Heizerseite präsentiert sich im Eichstätter Stadtbahnhof die schwere C'C-h4vt Malletlokomotive 99 201 (Gts 2x3/3 Nr. 996). Deutlich sichtbar ist der Größenunterschied zwischen dem Hochdruckzylinder (hinten) und dem Niederdruckzylinder (vorn).

Die Konstruktion der Mallet geht auf Prof. Georg Lotter aus München zurück. Er war im Ersten Weltkrieg bei der Militäreisenbahn-Generaldirektion Brüssel stationiert. Seine Aufgabe bestand u.a. in Vorarbeiten für eine meterspurige C'C-h4vt, welche die Feldeisenbahnen für die steigungsreiche Montmedy-Kleinbahn in den Ardennen benötigten. Im August 1917 lieferte Henschel in Kassel 20 Maschinen.

Nach Kriegsende gelangte die HF 21 (Fabriknr. 10437) ins Altmühltal, die HF 22 bis 1924 zur Ruhr-Lippe-Eisenbahn und von dort 1930 nach Frankreich. Die übrigen 18 Maschinen fuhren, umgespurt auf 1.050 Millimeter und mit Ölfeuerung, von 1918 bis Ende der 1940er-Jahre auf dem syrischen Teil der Hedschasbahn. Eine 1925 von Hanomag nach den vorhandenen Plänen für die Meterspurbahn Zell–Todtnau im Schwarzwald gebaute Mallet ist bei der Schweizer Museumsbahn Blonay–Chamby am Genfer See erhalten geblieben.

Mit einer Gesamtlänge von 11,83 Metern war die Mallet der Riese unter den Eichstätter Lokomotiven. Jeweils drei Kuppelachsen (Treibraddurchmesser 0,90 Meter) waren zu einer Triebwerksgruppe zusammengefasst. Die hintere Gruppe war fest mit Barrenrahmen und Kessel verbunden, die vordere hatte eine Seitenverschiebbarkeit von 360 Millimetern. In jeder Gruppe war die mittlere Kuppelachse um 15 Millimeter seitenverschiebbar. Trotz des großen Gesamtachsstands von sieben Metern konnte die 30 km/h schnelle Lok den 60-Meter-Radius leicht durchfahren.

Hermann Maey fotografierte 1930 die Eichstätter 99 201. Die Ansichten von Heizerseite (S. 70) und Lokführerseite machen die Dimensionen des „Malletriesen" deutlich. Die Länge über Puffer beträgt 11,83 Meter, im Vergleich zu den LE mit 6,10 Metern und der Gts 4/4 mit 8,44 Metern.

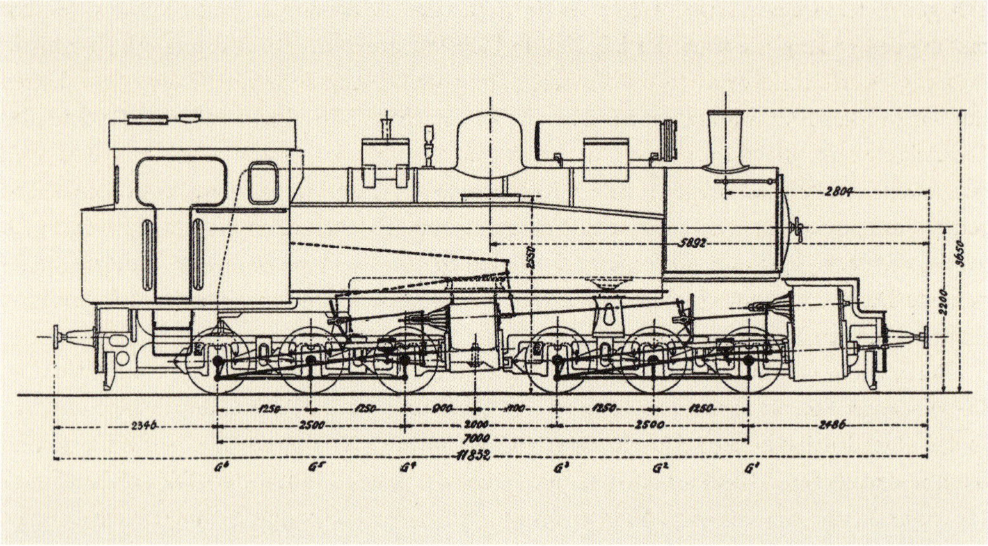

Seitliche Ansicht der 11,83 Meter langen Malletlokomotive Gts 2x3/3 (DRG 99 201). Die Hoch- und Niederdruckzylinder sind jeweils 1:40 geneigt.

Ein weiteres Motiv von Peter König: Unterhalb der Willibaldsburg ist die Mallet 99 201 mit einem Rollbockzug auf dem Weg zum Übergabebahnhof an der Hauptstrecke. Zwischen der Altmühl und den Gebäuden der Hofmühl-Brauerei ist auf einem schmalen Damm gerade noch Platz für die Schmalspurbahn.

Der genietete, zweischüssige Langkessel (85 Heizrohre, 18 Rauchrohre) war mit 4,20 Metern fast doppelt so lang wie jener der LE. Neu in Eichstätt waren die Ausstattung mit Überhitzer und der Oberflächenvorwärmer zwischen Kamin und Dampfdom. Die Krauss-Loks hatten nur einen Dampfstrahlinjektor zur Kesselspeisung. Auf dem Kessel saßen außerdem das Dampfläutewerk, die Ramsbottom-Sicherheitsventile und vier Sandbehälter zum Besanden von jeweils zweiter und dritter Achse. Große genietete Wasserkästen befanden sich links und rechts des Langkessels. Das geräumige Führerhaus besaß neben einigen kleinen Fenstern ein großes rechteckiges in der Rückwand. Zur Belüftung dienten zwei in das abnehmbare, abgerundete Dach eingebaute Klappen. Der relativ kleine Kohlenkasten hinter dem Führerhaus fasste 1,5 Tonnen Kohle.

Beide Triebwerke hatten 1:40 geneigte Zylinder, die jeweils auf die dritte Kuppelachse wirkten. Die Heusinger-Steuerung war mit Kuhn'scher Schleife ausgestattet. Der Dampf arbeitete zunächst in den Hochdruckzylindern (Durchmesser 400 Millimeter) der hinteren Triebwerksgruppe und dann in den vorderen Niederdruckzylindern (Durchmesser 620 Millimeter). Die Lok besaß eine Handbremse und eine Druckluftbremse (Bauart Knorr). Die Luftpumpe befand sich rechts vorne neben der Rauchkammer, die Luftbehälter waren längs unter dem Führerhaus angebracht.

Für den Einsatz in Eichstätt musste ein Stand des dortigen Lokschuppens verlängert und die Werkstattausrüstung u.a. durch Anschaffung von sechs neuen Hebeböcken ergänzt werden. Mit 4,56 Tonnen lag das Metergewicht an der Grenze der Zulässigkeit. Hoher Belastung war der im Krieg vernachlässigte Oberbau ausgesetzt. Nach manchen Entgleisungen wurde er auf der Stammstrecke dem Gewicht der Mallet (54 Tonnen) angepasst. Die Schienen der Form VII ersetzte man durch die Form V und die Sandbettung durch Dolomitschotter.

Nun konnte sich die 700 PS starke Maschine vor schweren Güterzügen aus Langholzwagen und aufgebockten Normalspurgüterwagen ebenso bewähren wie vor langen Personenzügen mit bis zu 15 Wagen bei Kirchenfesten in Eichstätt, Ferienbeginn der Eichstätter Internatsschüler oder wenn die Fahrgäste eines Sonderzugs aus München in die Bischofsstadt zu bringen waren. Von der Stadt zum Bahnhof vermochte sie 160 Tonnen zu befördern, in der Gegenrichtung waren es 265 Tonnen. Eindrucksvoll war das Bild, wenn sie scheinbar ohne jegliche Kraftanstrengung die 1:40-Rampe von Wasserzell zur Übergabestation hinaufdonnerte und im engen 60-Meter-Bogen um den Schneckenberg der gewaltige Block der beiden vorderen Niederdruckzylinder ausschwenkte.

Ein Durchlauf der Mallet bis Kinding unterblieb. Die Verstärkung des Oberbaus auf der Talstrecke wurde in Anbetracht des geplanten Weiterverkaufs und der absehbaren Umspurung nicht mehr durchgeführt. Im Güterzugdienst reichte im Tal die Zugkraft der Gts 4/4 aus.

Bei der Deutschen Reichsbahn-Gesellschaft (DRG) führte die beim Bw Ingolstadt beheimatete Gts 2x3/3 als Gattung K 66.9 die Betriebsnummer 99 201. Als ab Dezember 1932 der Eichstätter Güterverkehr vorwiegend über Beilngries abgewickelt wurde, war die Mallet bald überflüssig und ab September 1934 abgestellt. Ob die Weiterverkaufspläne von 1920 verwirklicht wurden, ist nicht bekannt. Fest steht nur, dass die am 17. Oktober 1934 ausgemusterte Lok am 29. Oktober von der nochmals angeheizten 99 151 auf den Transportwagen SS Köln 4817 geschoben wurde und danach mit dieser zusammen das Altmühltal verließ.

Am 29. Oktober 1934 hat die nochmals angeheizte 99 151 (links) die kalte Malletlokomotive 99 201 auf den Transportwagen SS Köln 4817 geschoben. Mit abgenommenem Führerhausdach und teilweise demontierten Kesselaufbauten wartet die Lok nun am Übergabebahnhof Eichstätt auf den Abtransport aus dem Altmühltal.

Die Züge der Stammstrecke bestanden ab 1910 aus einem PPostL, einem achtfenstrigen CL (früher BCL) mit Traglastenabteil sowie einem CL der Lieferserie von 1908. Im Jahr 1933 wartet die 99 075 mit einem Personenzug im Stadtbahnhof auf Abfahrt.

Personenwagen BCL und CL

Zur Betriebseröffnung waren zwei Personenwagen II./III. Klasse (BCL 18 232 und 18 233) sowie ein Personenwagen III. Klasse (CL 18 551) zum Gesamtpreis von 14.110 Mark vorhanden. Krauss fertigte die eisernen Untergestelle, Noell in Würzburg die Wagenkästen der 8,98 Meter langen Wagen. 1892 folgten die BCL 18 234 und CL 18 552 für 11.104 Mark. 1898 kamen zur Eröffnung der Talstrecke die BCL 18 235, CL 18 553 und CL 18 554 für 16.933 Mark hinzu. 1902 trafen die BCL 18 236, CL 18 555 und 18 556 (zus. 16.934 Mark) ein. Zur Deckung des Platzbedarfs bei besonderen Anlässen in Eichstätt folgten 1908 von der Firma Rathgeber in München die acht CL 18 557–560 und 29 801–804.

Kennzeichnend für die Lieferjahre bis 1902 waren die flachen Dächer und die außen mit Blech verkleideten hölzernen Seitenwände mit jeweils acht paarweise angeordneten schmalen Fallfenstern sowie die Plattformtüren aus Blech. Die 1908 gelieferten CL erinnerten mit ihren glatten Seitenwänden und jeweils vier großen Fallfenstern an die normalspurigen Lokalbahnwagen. Ihre Dächer waren höher gewölbt, die Plattformtüren als Schiebetüren ausgeführt. Das eiserne Untergestell war schwarz, der Wagenkasten dunkelgrün, das Dach dunkelgrau lackiert.

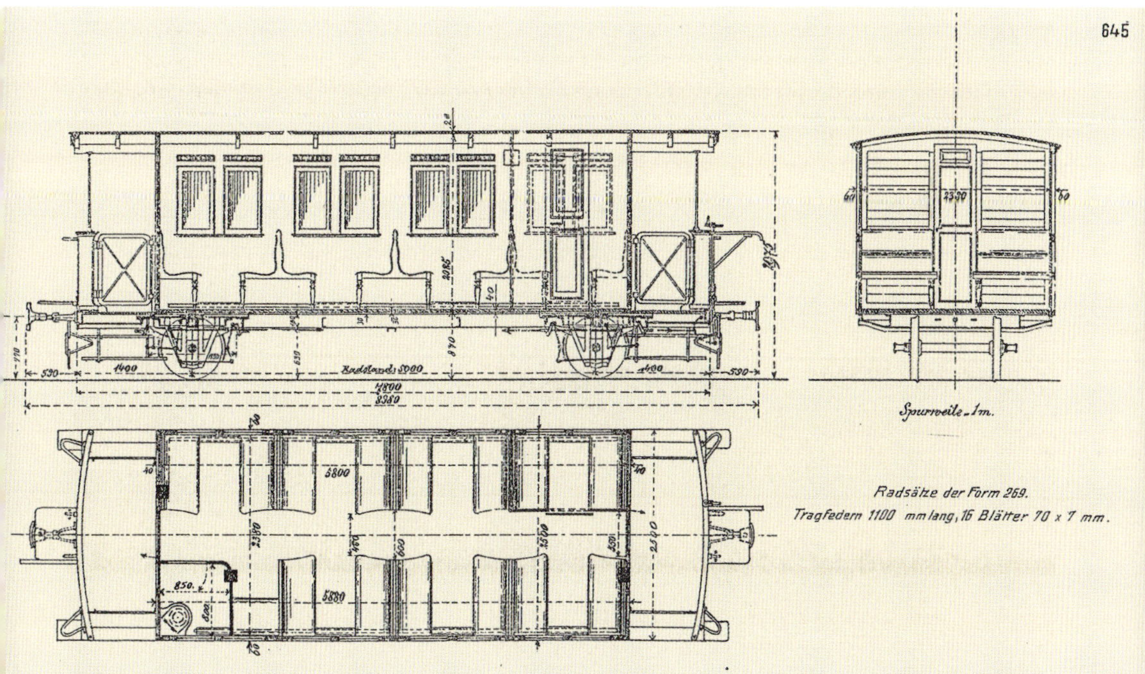

Seitenansicht, Stirnansicht und Grundriss des 1885 gebauten CL 18 551 mit vier Fensterpaaren je Wagenseite, Abort und Schubabteil für den Gefangenentransport.

Die fünf BCL hatten in jeder Klasse 16 Sitzplätze, Sitzanordnung 2+2. Eine Klapptür trennte die II. von der III. Klasse. Ein Abort war nicht vorhanden. Die CL verfügten über einen Großraum mit 29 Sitzplätzen, einen Abort an einem Wagenende und am anderen bei den bis 1902 gebauten sechs Wagen über ein abschließbares Schubabteil mit vier Plätzen zum Gefangenentransport. Gelbbraun waren die Innenwände und Lattensitze der III. Klasse. In der II. Klasse gab es grüne Plüschsitze. Alle Wagen verfügten über Dampfheizung und drei Petroleumlampen an der Wagendecke. Ab November 1909 wurden von der Hauptwerkstätte Nürnberg im Rahmen der Hauptuntersuchung auch die BCL mit je einem Schub- und Traglastenabteil ausgestattet. Lediglich der BCL 18 235 verblieb im Ursprungszustand und diente als Salonwagen für den Bischof oder andere hohe Persönlichkeiten.

Am 6. Oktober 1934 waren noch 17 Wagen vorhanden. Da sich keine Möglichkeit zur Weiterverwendung bei anderen Bahnen bot, wurden viele verschrottet, andere als Gartenhäuser abgegeben. Der CL 18 560 wurde an das Steinbruchunternehmen Karl & Neumeier verkauft und am 28. November 1934 auf die Jurahöhen geschleppt, wo er in einem Steinbruch bis 1952 als Unterstand für die Steinbrucharbeiter diente.

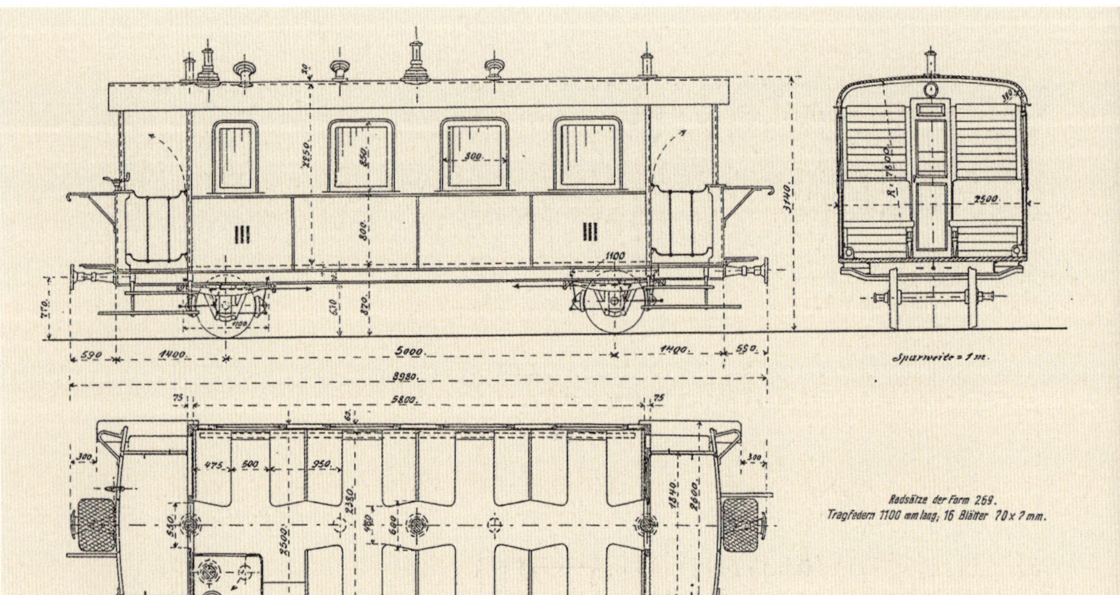

Seitenansicht, Stirnansicht und Grundriss der 1908 von der Firma Rathgeber in München gelieferten acht CL (18 557–560, 29 801–804) mit vier großen Fenstern je Wagenseite.

Gepäck-/Postwagen (PPostL) und gedeckte Güterwagen (GwL)

Krauss und Noell lieferten 1885 den Gepäck-/Postwagen PPostL 18 636 sowie die gedeckten Güterwagen GwL 18 881 und 18 882. Die Folgelieferungen umfassten den GwL 18 883 (1887), den PPostL 18 637 (1887) und 1898 die PPostL 18 638 und 18 639. Von 1898 bis 1901 folgten weitere sieben GwL (18 884–890).

Der 6,89 Meter lange PPostL 18 636 war in seiner Bauform vom GwL abgeleitet, mit dem er die Untergestelllänge (5,40 Meter) und den Achsstand (2,70 Meter) gemeinsam hatte. Die PPostL 18 637–639 waren länger (8,18 Meter), hatten ein höher gewölbtes Dach, durchgehende seitliche Trittbretter, einen auf 4,40 Meter vergrößerten Achsstand sowie Lenkachsen. Am Wagenende ohne Plattform lag das kleinere Postabteil mit Seitenfenstern und -türen. Eine Holzquerwand trennte es vom etwas größeren Gepäckraum, der durch seitliche Schiebetüren und eine Stirnwandtür an der Plattform zugänglich war. Zur Ausrüstung gehörte eine Ofenheizung im Postabteil, Petroleumbeleuchtung, durchgehende Dampfheizleitung und Handspindelbremse.

Die GwL hatten je Längswand zwei kleine Fenster und mittige Schiebetüren von 1,50 Metern Breite sowie seitliche Trittbretter. Der durchgehende Laderaum war 5,35 Meter lang und 2,45 Meter breit. Die Ladefläche maß zwölf Quadratmeter, die Tragfähigkeit betrug fünf Tonnen.

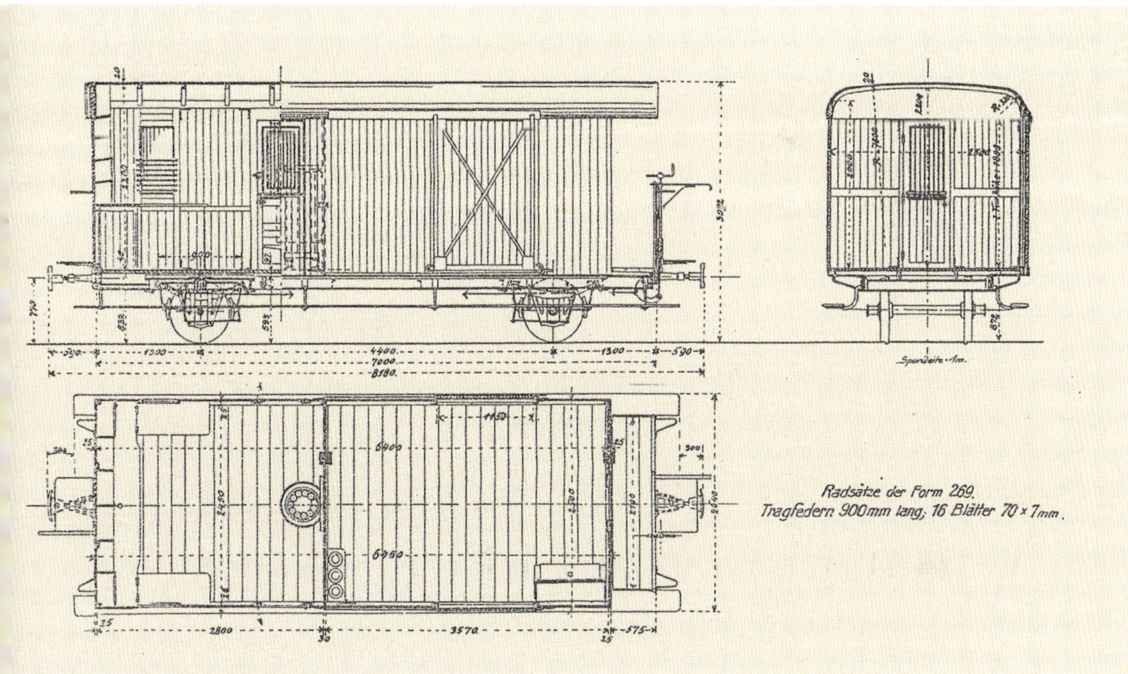

Seitenansicht, Stirnansicht und Grundriss der anlässlich der Verlängerung der Schmalspurbahn bis Kinding im Jahr 1898 beschafften PPostL 18 638 und 18 639.

Bei den Wagen des Baujahrs 1885 wurde die Hardy-Saugluftbremse 1886 eingebaut, alle übrigen waren bereits werkseitig damit ausgerüstet. 1908 erfolgte der Umbau auf Westinghouse-Druckluftschnellbremse. Kennzeichnend für alle Wagen waren der eiserne Unterbau und die aus senkrechten Latten bestehenden Wände. Die äußere Farbgebung entsprach den Personenwagen, die Innenwände waren dunkelgrau lackiert.

Die vier vorhandenen PwPostL genügten dem Verkehrsaufkommen. Als am 12. Januar 1922 bei Gungolding drei Wagen des Abendzuges nach Kinding entgleisten, brannte der umgestürzte PPostL 18 638 aus. Erst 1931 traf von der stillgelegten Dampfstraßenbahn Neuötting–Altötting als Ersatz der nur fünf Meter lange Gepäckwagen PL 29 982 (vgl. Foto S. 104) im Altmühltal ein.

Die GwL dienten überwiegend zur Beförderung von Stückgut, das in Eichstätt Bahnhof zwischen Normal- und Schmalspur umgeladen werden musste. Viehtransporte zum Eichstätter Schlachthof wurden vor allem zwischen Kinding und Eichstätt Stadt abgewickelt. Beim Einsatz in Personenzügen verstärkten die Wagen den Laderaum der Packwagen.

Reichten bei besonderen Anlässen die vorhandenen Personenwagen nicht aus, wurden die GwL mit Sitzbänken ausgestattet und zur Personenbeförderung herangezogen. Dies führte zur Kritik an der „Personenbeförderung in Viehwagen". Erst 1908 wurde dieser Missstand mit Beschaffung weiterer acht CL beseitigt.

Bei Ende des Schmalspurbetriebs waren noch drei PPostL, der PL und fünf GwL vorhanden. Hinzu kam ein zum Hilfsgerätewagen des Lokbahnhofs Eichstätt umgerüsteter GwL.

Vorwiegend dem Stückguttransport dienten die zwischen 1885 und 1901 gebauten GwL 18 881–890. In einen Personenzug von Eichstätt nach Kinding ist hinter der 99 075 ein gedeckter Güterwagen eingestellt.

Offene Güterwagen (OwL) und Langholzwagen (HwL)

Zur Erstausstattung der Bahn zählten die offenen Güterwagen OwL 18 891 und 18 892, gebaut von Krauss und Noell. 1898 kamen noch die OwL 18 893 und 18 894 hinzu. Weitere wurden nicht beschafft.

Beim Bau der Talstrecke erwartete man im Güterverkehr beträchtliche Einnahmen durch Holztransporte. Daher wurden für Stammholzsendungen aus dem Altmühltal nach Eichstätt Bahnhof 1898 acht Langholzwagen HwL 18 951–958 beschafft. In gleicher Ausführung folgten die HwL 18 959–966 (1901), 18 967–972 (1904) und 18 973–978 (1907). Eine letzte Lieferung umfasste 1907 die vier mit Westinghouse-Druckluftschnellbremse ausgerüsteten HwL 18 979–982. Somit waren 32 Langholzwagen vorhanden.

Seiten und Stirnwände der 6,58 Meter langen Owl und HwL (Achsstand 2,70 Meter) setzten sich aus waagrechten Latten zusammen. Die 0,75 Meter hohen Seitenwände der OwL waren umklappbar, die etwas höheren, oben abgerundeten Stirnwände abnehmbar. Die nur 0,30 Meter hohen Seitenwände der HwL waren ebenfalls umklappbar, eine gleichhohe Stirnwand abnehmbar. An der höheren, oben abgerundeten Stirnwand waren die Handspindelbremse und der erhöhte Bremsersitz befestigt. Die Farbgebung entsprach den GwL.

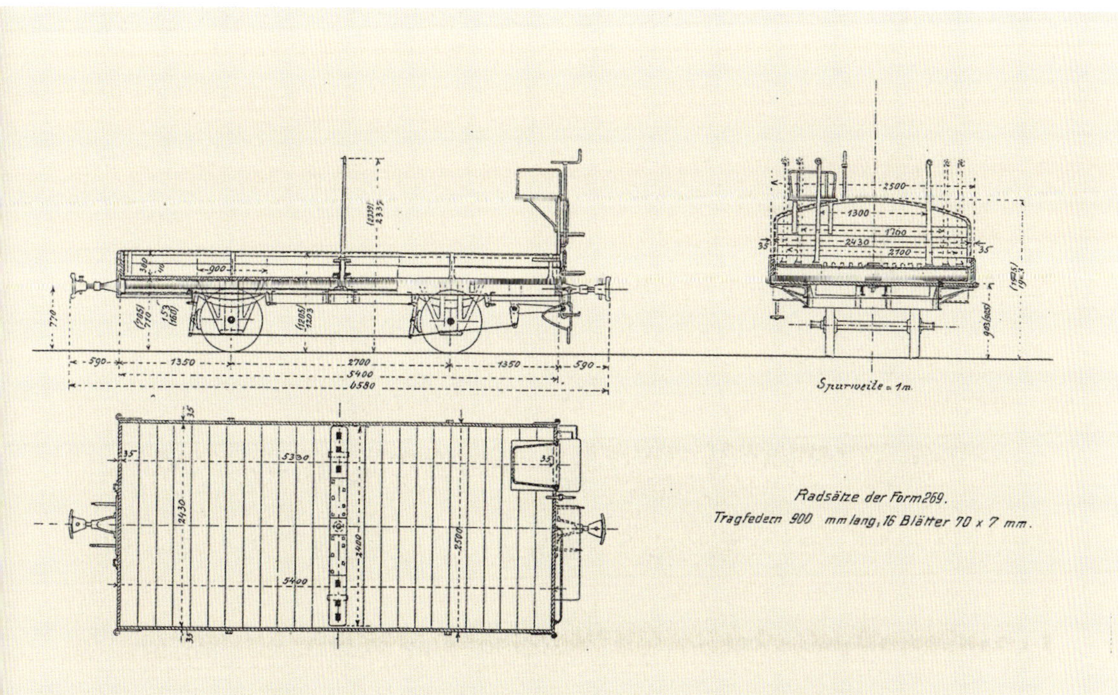

Seitenansicht, Stirnansicht und Grundriss der nach Eröffnung der Talstrecke für Langholztransporte beschafften und immer paarweise eingesetzten 32 HwL 18 951–982. Die vier OwL unterschieden sich von den HwL durch höhere Seitenwände und nicht vorhandene drehbare Gabeln.

Die Langholzwagen wurden an den Seiten mit der abnehmbaren Stirnwand paarweise gekuppelt. Zwei Wagen konnten bis zu 9,50 Meter lange und zehn Tonnen schwere Stämme tragen. Wurde ein Wagenpaar bei lichtem Wagenabstand von 3,50 Metern ungekuppelt eingesetzt, konnten bis zu 13 Meter lange Hopfenstangen geladen werden. Die Gabeln zur Befestigung des Stammholzes waren in der Wagenmitte drehbar angebracht. Mit eisernen Ketten wurde die Ladung verzurrt. Jedes HwL-Paar musste mit einem Bremser zur Bedienung der Handspindelbremse besetzt sein. Die vier druckluftgebremsten HwL benötigten keinen Bremser.

Die Umladung ganzer Wagenladungen Stammholz auf Normalspurgüterwagen erfolgte in Eichstätt Bahnhof mit einem Bockkran über der Rollbockgrube. Als aufgrund der umfangreichen Holztransporte in der Kriegs- und Nachkriegszeit nicht genügend HwL vorhanden waren, wurden ab 1914 normalspurige Drehschemelwagen (je zwei Wagen auf vier Rollböcken) eingesetzt. Stämme von bis zu 21,33 Metern Länge konnten so transportiert werden. Zu dieser Zeit waren auch von privaten Einstellern beschaffte HwL im Einsatz.

Ende der 1920er-Jahre gingen die Langholztransporte zurück und endeten mit Aufnahme des Normalspurbetriebs von Beilngries nach Eichstätt Stadt im Dezember 1932. Für die Stammstrecke reichten fünf HwL-Paare aus, bis auch sie im Oktober 1934 abgestellt wurden. Eine Umsetzung der druckluftgebremsten Wagen zu anderen Meterspurbahnen ist nicht belegt.

Nach dem Ersten Weltkrieg reichte die Zahl der HwL für die umfangreichen Holztransporte nicht mehr aus. Die Holzhandlung Georg Bock in Hersbruck beschaffte mehrere Fahrzeuge auf eigene Rechnung. Das MAN-Werkfoto zeigt den Langholzwagen „München 602 992 P HwLs – Spezialwagen, Station Eichstätt Bhf".

Rollböcke

Das Lokalbahngesetz vom 21. April 1884 erwähnte den Transport von Normalspurwagen auf schmalspurigen Untergestellen, auch „Rollböcke“, „Rollschemel“ oder „Transporteure“ genannt. Als Erfinder des Rollbocks gilt Ingenieur Paul Langbein (1842–1908) von der Maschinenfabrik Esslingen.

Für die Probephase des Rollbockbetriebs lieferte die Maschinenfabrik Esslingen 1885 sechs aus Stahlguss gefertigte Rollböcke (18 901–906). Diese funktionierten ein Jahr lang zur Zufriedenheit, mussten dann aber wegen Materialermüdung (Bruch der Drehkreuze und Drehzapfen) abgestellt werden. Ersatz kam in Form einer zunächst schmiedeeisernen, später aus Stahlguss gefertigten überarbeiteten Konstruktion, entworfen vom Betriebsmaschinenmeister Maurer der Generaldirektion und gebaut von der Maschinenfabrik Maffei in München. 1887 bis 1892 wurden davon 30 Stück beschafft.

Mit dem Bau der Talstrecke stieg die Zahl bis 1903 auf 68 Stück (18 901–950, 18 701–718). Die Maschinenfabrik Joseph Wilhelm Spaeth in Dutzendteich bei Nürnberg lieferte 1913 und 1917 weitere 35, die MAN in Nürnberg 1920 nochmals 20 Rollböcke.

Die Rollböcke waren bei 1,2 bis 1,4 Tonnen Eigengewicht für ein Ladegewicht von 10,5 Tonnen zugelassen. Auf dem kastenartigen Blechrahmen saß eine auf vier Rollen drehbare Traverse, worauf die Räder einer Normalspur-Wagenachse zum Stehen kamen. Zwei hochklappbare Blechgabeln hielten die Achse fest.

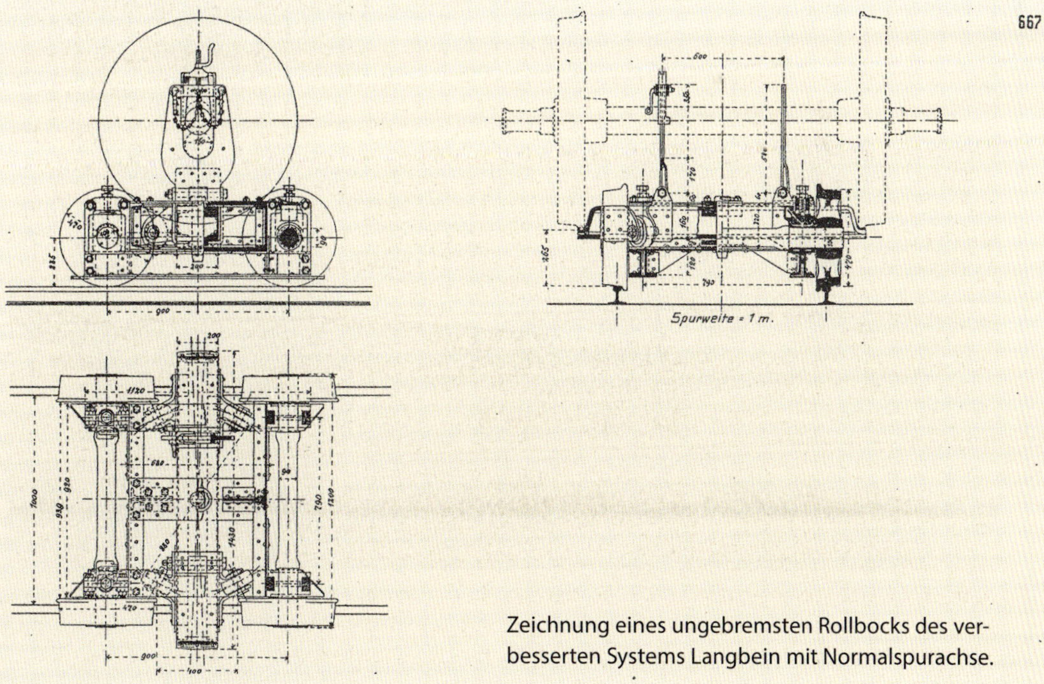

Zeichnung eines ungebremsten Rollbocks des verbesserten Systems Langbein mit Normalspurachse.

Demonstration des Rollbockbetriebs in Eichstätt Stadt: Die Verbindung zwischen dem aufgeschemelten Normalspurgüterwagen und dem schmalspurigen Personenwagen stellt eine in dessen Mittelpuffer eingehängte eisenbewehrte Holzstange her.

Auch zur Verbindung zweier aufgeschemelter normalspuriger Güterwagen diente eine eisenbewehrte Holzstange mit gabelartig ausgebildeten Enden. Diese wurde mit einer Stecksicherung auf den benachbarten Achsen zweier Normalspurwagen befestigt.

Die ungebremsten Rollböcke waren ungefedert, denn die Federung des Normalspurwagens blieb auch auf der Schmalspurbahn in Funktion.

Im Betrieb wirkte jeder Rollbock wie ein Drehgestell, sodass auch lange Normalspurwagen die engen Radien der Stammstrecke gut durchlaufen konnten. Nicht auf Rollböcke verladen werden konnten Wagen mit Kunze-Knorr-Bremse (wegen des Bremsgestänges), dreiachsige Güterwagen und sogenannte Dickachser. Alle mussten zeitaufwändig umgeladen werden. Schließlich war bei Güterwagen mit Gabelbremsen die Demontage der Bremsanlage, Hinterlegung in Eichstätt Bahnhof und spätere Montage erforderlich. So erklärt sich der oft kritisierte Rückstau von Normalspurgüterwagen in Eichstätt Bahnhof. Die Kritiker übersahen dabei jedoch, dass gerade fremde Bahnverwaltungen die für Eichstätt geltenden Vorschriften häufig missachteten. Im Extremfall mussten daher die Wagen an den Absender zurückgesandt oder vom Empfänger in Eichstätt Bahnhof entladen werden.

Weitaus misslicher war allerdings, dass die Zahl der Rollböcke oft nicht ausreichte und auch aus diesem Grund häufig ein Rückstau an Normalspurwagen in Eichstätt Bahnhof entstand. So nahm der Übergangsverkehr von 1910 auf 1911 um 30 Prozent zu und allein im ersten Quartal 1912 wurden 19 Prozent mehr Hauptbahnwagen auf Rollböcken transportiert. Da zu dieser Zeit die Umspurung der Strecke in Erwägung gezogen wurde, unterblieb aus Kostengründen eine Aufstockung des Bestands.

Für den Rollbockbetrieb waren in Eichstätt Bahnhof zwei Umsetzanlagen vorhanden. Die erste von 1885 lag am Ende des Streckengleises aus Eichstätt. Die zweite Anlage wurde 1888 zwischen Güterschuppen und Empfangsgebäude am Ende eines etwa 20 Meter langen Normalspurgleises angelegt, das in einem Winkel von 45 Grad zu den Hauptbahngleisen lag und nur durch eine handbediente Drehscheibe zu erreichen war.

Sobald die Wagen aufgebockt waren, wurden die Mitnehmergabeln der Rollböcke durch Keile fest an die Achsen der Normalspurwagen geklemmt. Mindestens drei Mann waren dafür nötig. Vor der Abfahrt wurden die Rollböcke mit drei Meter langen eisenbewehrten Holzstangen untereinander sowie mit der Lok bzw. einem Schmalspurwagen gekuppelt. Dabei wurde das eine Ende der Stange im Schlitz des Schmalspurpuffers mit einem Steckbolzen festgehalten. Das andere gabelartig ausgebildete Ende wurde mit einer Stecksicherung an der Normalspurwagenachse befestigt. Zum Kuppeln von zwei oder mehr aufgebockten Normalspurwagen dienten Steifkuppeln mit zwei gabelartigen Enden. Zwischenwagen mit Normalspurpuffern wie auf anderen Schmalspurbahnen gab es bei der Eichstätter Lokalbahn nicht.

Für das Personal war der Rollbockbetrieb eine aufregende, stete Konzentration erfordernde Sache. Die gefährlichsten Stellen lagen an der Haltestelle Rebdorf sowie zwischen der Hofmühl-Brauerei und der Haltestelle Schlagbrücke. Ruckartiges Anfahren, Beschleunigen oder Abbremsen konnten in den S-Bögen mit 60-Meter-Radius die aufgebockten Wagen ins Schaukeln und zum Umkippen bringen. Die Ursache dafür war neben der höheren Lage des Schwerpunkts auch die recht kleine Stützbasis auf dem Meterspurgleis. Typisch waren die am Ende eines Güterzuges laufenden Personenwagen. Ging die Fahrt talwärts, so betätigte das Bremspersonal eifrig die Handkurbeln, um den Zug nicht zu schnell werden zu lassen.

In Eichstätt Bahnhof diente die 1885 angelegte Rollbockgrube am Ende des Streckengleises zum Abrollen der normalspurigen Güterwagen von den schmalspurigen Rollböcken auf das Normalspurgleis. Der fahrbare Umladekran ermöglichte das Umsetzen ganzer Wagenladungen Stammholz von der Schmal- auf die Normalspur.

Der Historische Verein Eichstätt besitzt ein Modell zur Veranschaulichung des Rollbockbetriebs: Das Schmalspurgleis liegt tiefer als das Normalspurgleis. Die Achse des normalspurigen Güterwagens wird mit zwei Gabeln auf dem Rollbock festgehalten. Die eisenbewehrte Holzstange dient zum Verbinden zweier Wagen.

5

Normalspurbahn Eichstätt Stadt–Kinding–Beilngries

Nach Inbetriebnahme der schmalspurigen Talstrecke Eichstätt Stadt–Kinding am 7. November 1898 waren im Bereich des unteren Altmühltals in einer Entfernung von wenig mehr als zehn Kilometern drei Endbahnhöfe von Lokalbahnen entstanden: Beilngries, Greding und Kinding. Zusammen bildeten sie ein Eisenbahndreieck, das von der Presse als „kurios", „berühmt" oder „famos" bezeichnet wurde.

Eine Bahnverbindung zwischen den drei Stationen verhinderte die Lokalbahnpolitik des zuständigen Ministers Krafft Freiherr von Crailsheim: Lokalbahnen sollten wie Saugadern den Hauptbahnen neuen Verkehr zuführen, zu diesen aber keinesfalls in Konkurrenz treten, ihnen Verkehr entziehen, eine Abkürzung bieten oder den Ertrag mindern.

Während die Regierung die bestehenden Bahnverhältnisse also nicht zu ändern gedachte, war man im Altmühltal ganz anderer Meinung. Mit Unterstützung der Presse konzentrierten sich die örtlichen Interessenten ab 1899 auf eine Verknüpfung der drei Lokalbahnendpunkte.

Bereits 1888 erhielt Beilngries mit der Lokalbahn aus Neumarkt Anschluss an das bayerische Eisenbahnnetz. Um 1900 entstand die Aufnahme des ersten Bahnhofsgebäudes. Es ist erhalten geblieben und liegt direkt an dem im Herbst 1992 eröffneten Main-Donau-Kanal.

Eine Frage der Spurweite

Uneinigkeit herrschte bezüglich der Spurweite. Während sich Beilngries im Zusammenhang mit einer Bahnlinie Kelheim–Riedenburg–Beilngries am 10. Februar 1899 für eine Normalspurbahn nach Eichstätt einsetzte, schlug das Gredinger Eisenbahnkomitee am 8. März 1899 die Verlängerung der Schmalspurbahn von Kinding nach Greding vor. Der Eisenbahnausschuss des Landtags sprach im Januar 1900 beiden Projekten jegliche Aussicht auf Realisierung ab.

In dieser Situation einigten sich die Eisenbahnkomitees von Eichstätt, Kinding, Greding und Beilngries auf ein gemeinsames Vorgehen. Im Februar 1903 ersuchten sie um die Genehmigung zur Vornahme technischer Untersuchungen und Vorarbeiten für eine normalspurige Lokalbahn Beilngries–Kinding–Greding durch Oberingenieur Franz Hoffmann von der Localbahn-A.G. München (LAG). Die Genehmigung dafür wurde seitens der Generaldirektion nicht erteilt.

Im Mai 1903 folgte auf Initiative Eichstätts eine Petition mit der Bitte um Projektierung einer Schmalspurbahn Kinding–Beilngries. Die Generaldirektion hielt den Bau der elf Kilometer langen Strecke mit geringem Kostenaufwand für möglich, führte jedoch keine generelle Projektierung durch.

Am 1. Januar 1904 wurde in Bayern das Königliche Staatsministerium für Verkehrsangelegenheiten unter Leitung von Minister Heinrich Ritter von Frauendorfer gebildet. Dem

Für eine Verlängerung der Schmalspurbahn bis Beilngries hätten 1905 die in Eichstätt vorhandenen Fahrzeuge ausgereicht. Vor dem 1898 erbauten Lokschuppen in Eichstätt Stadt sind Anfang der 1920er-Jahre vier LE zu sehen, vorne die LE I von 1885.

Eisenbahnkomitee Beilngries versprach er am 13. April die generelle Projektierung bis Herbst 1904. Im Januar 1905 stand fest: Eine 11,5 Kilometer lange Schmalspurbahn Kinding–Beilngries war mit den im Lokbahnhof Eichstätt vorhandenen Fahrzeugen realisierbar. Die Trasse sollte auch den Erfordernissen der Normalspur genügen können. Das nötige Kapital belief sich auf 521.000 Mark, die Grunderwerbskosten lagen bei 57.000 Mark.

Da das Ergebnis der zugesagten ministeriellen Prüfung auf sich warten ließ, bat das Eisenbahnkomitee Beilngries am 4. Mai 1907 um Aufnahme der Bahn in den nächsten Gesetzentwurf und verwies auf die inzwischen aufgebrachten Grunderwerbskosten. Am 1. August folgte eine gedruckte Eingabe der Stadt Eichstätt und auch der Bischof setzte sich für den Bahnbau ein. Eine Abordnung aus dem Altmühltal wurde am 21. Oktober 1907 beim Minister vorstellig. Dieser erkannte die Dringlichkeit des Projekts an, zumal die Glashütte Grösdorf eine gewisse Alimentierung versprach. Unterstützt wurden die Bemühungen auch von dem im Dezember 1907 gegründeten Altmühl-Verein.

Im Juni 1908 lehnte das Ministerium die Aufnahme in den nächsten Lokalbahngesetzentwurf mit dem Hinweis ab, für die Verbindung bestehe derzeit kein dringliches Bedürfnis. Vor allem müsse ein wirtschaftliches Fiasko wie im Falle der Eichstätter Schmalspurbahn (Defizit 1904: 16.984 Mark) vermieden werden.

In der weiteren Diskussion setzten sich in Regierung und Landtag die Befürworter einer Normalspurbahn durch. Am 19. Januar 1911 besichtigten die Vorstände der Eisenbahndirektionen (ED) München und Nürnberg die Trasse. Die ED Nürnberg plädierte für eine Normalspurbahn Beilngries–Kinding, wofür die ED München Baukosten von 711.000 Mark errechnete. Zwischen geschätzten Einnahmen und Ausgaben verblieb ein Fehlbetrag von 11.400 Mark. Nur im Verbund mit den Strecken Eichstätt–Kinding und Neumarkt–Dietfurt ergaben sich 2.500 Mark Überschuss. Die Verzinsung betrug 0,6 Prozent.

Im Februar 1912 legte Minister von Frauendorfer sein Amt nieder, Nachfolger wurde Ritter von Seidlein, der den Bahnbau aus Rentabilitätsgründen ablehnte und den Einsatz von Motoromnibussen zwischen Beilngries und Kinding empfahl.

Am 8. Juli 1912 ersuchte Eichstätt um den Bahnbau bis Beilngries und die Umspurung der Schmalspurbahn. Der Finanzausschuss lehnte die Aufnahme des Projekts in die Gesetzesvorlage am 22. Juli ab. Einer Rendite von 0,3 Prozent standen Baukosten von knapp 2,5 Mio. Mark gegenüber, die sich wie folgt verteilten: Neubau Beilngries–Kinding 711.000 Mark, Umspurung Eichstätt–Kinding 1.125.000 Mark, Tunnel bei Eichstätt Bahnhof 650.000 Mark.

Nach Ausbruch des Ersten Weltkriegs war man im Altmühltal froh, wenigstens eine Schmalspurbahn zu besitzen, deren Schwächen umso deutlicher wurden, je länger der Krieg dauerte. Oberbau und Fahrmaterial wurden aufgrund von Personal- und Materialknappheit immer mehr vernachlässigt. Die Lokomotiven verloren ihre kupfernen Feuerbüchsen und büßten an Leistungsfähigkeit ein. Jetzt zeigte sich, dass die Bahn in ihrer Ursprungsausstattung fast 35 Jahre alt war.

Bei Kriegsende war den verantwortlichen Stellen in München klar, dass eine Erneuerung der Bahn bald erfolgen musste. Die politischen Wirren und wirtschaftlichen Umwälzungen im Gefolge des verlorenen Krieges ließen aber alle Pläne zunächst nebensächlich erscheinen.

Eine Aufgabe des Reiches

Ab 9. November 1918 stand von Frauendorfer wieder dem Staatsministerium für Verkehrsangelegenheiten vor und versah diesen Dienst bis zum Übergang der Bayerischen Staatseisenbahnen in Reichseigentum am 1. April 1920. Danach war er Vorstand der Zweigstelle Bayern des Reichsverkehrsministeriums im Rang eines Staatssekretärs. Am 23. Juli 1921 schied er freiwillig aus dem Leben.

Im Mai 1919 wurde man im Altmühltal unter der Führung Eichstätts in Sachen Eisenbahn wieder aktiv. Um den Lückenschluss durchzusetzen, bevorzugte man aus Kostengründen eine Verlängerung der Schmalspurbahn bis Beilngries. Sogar Verhandlungen zum Grunderwerb fanden statt. Auch der Minister sah für die Schmalspurbahn bessere Realisierungschancen. Finanzmittel standen ein Jahr nach Kriegsende ohnehin nicht zur Verfügung.

Im September 1919 erläuterte der Vorstand der Bauinspektion in Eichstätt die technische Seite des Vorhabens, schloss den Weiterbetrieb der Schmalspurbahn aus und bezifferte die Kosten einer Normalspurbahn auf 15 Mio. Mark. Noch im November 1919 wandte sich der Eichstätter Stadtrat mit Unterstützung aus dem Tal an den Landtag: „Nachdem es sich hier wohl um das vordringlichste Lokalbahnprojekt handelt, der Umbau der Bahn auch im ureigensten Staatsinteresse liegt, weil nur dann eine entsprechende Ausnützung der großen Staatswaldungen möglich ist, stellen wir hiermit die Bitte, den Umbau der Lokalbahn Eichstätt-Kinding und die Weiterführung nach Beilngries zu genehmigen und ohne Verzug als Notstandsarbeit in Angriff nehmen zu lassen."

Am 30. Januar 1920 übergab der Landtag die Eichstätter Eingabe an die Regierung mit der Auflage, das Projekt in die nächste Gesetzesvorlage aufzunehmen. Das Gutachten der ED München käme zu dem Schluss, der Um- und Neubau Eichstätt–Beilngries sei das vordringlichste und erste Projekt in der Direktion. Mit den Bauarbeiten könne ggf. jeden Tag begonnen werden.

Der 1. April 1920 rückte näher. Offenbar unter dem Eindruck dieses Ereignisses entstand sozusagen als verkehrspolitisches Testament der Bayerischen Staatseisenbahnen die „Denkschrift über den Ausbau des bayerischen Bahnnetzes" vom 17. März 1920. Im Kapitel „Nebenbahnen, Gruppe I, Verbindungsbahnen" war an dritter Stelle die Linie Beilngries–Kinding aufgeführt.

Für die Baumaßnahmen im Altmühltal waren ab 1. April 1920 die Reichseisenbahnen bzw. ab 1. September 1924 die Deutsche Reichsbahn-Gesellschaft (DRG) zuständig. Besondere Bedeutung erlangte der Staatsvertrag zum Übergang der Länderbahnen in Reichseigentum. Im Schlussprotokoll hieß es dazu u.a.: „Das Reich ist verpflichtet, die von den Ländern begonnenen Bauten fortzuführen, soweit das Bedürfnis in unveränderter Weise fortbesteht [...]. Das Reich wird den Bau neuer [...] Bahnen [...] sowie den Umbau und den Ausbau der bestehenden Anlagen nach Maßgabe der Verkehrs- und wirtschaftlichen Bedürfnisse der Länder und der verfügbaren Mittel ausführen. Das Reich wird bei der Auswahl der Nebenbahnlinien im Rahmen der allgemeinen Nebenbahnpolitik auf die bisherigen Absichten der Länder möglichst Rücksicht nehmen."

Das Bayerische Gesetz vom 27. März 1920 enthielt auch die vom Landtag gewünschte Strecke Kinding–Beilngries. Folglich las man im Altmühltal aus den Worten des Staatsvertrags die Verpflichtung des Reichs zum Bahnbau ab.

Von Frauendorfer, der am 22. Dezember 1920 letztmals eine Delegation aus dem Altmühltal empfing, verhielt sich dennoch in Sachen Bahnbau zurückhaltend. Man habe die Probleme erkannt, die durch den Holztransport entstünden und von der Schmalspurbahn schwer gemeistert werden könnten. Im November habe man daher durch Inangriffnahme von Geländeaufnahmen mit den Vorarbeiten zum Umbau Eichstätt–Kinding auf Normalspur und zum Neubau Kinding–Beilngries begonnen. Augenblicklich seien keine Geldmittel zur Beschaffung von Schienen und Brückenmaterial vorhanden. Beim Ausbau von Hauptstrecken könne das benötigte Material gewonnen und im Altmühltal eingebaut werden. Mit dem Beginn der Arbeiten, ausgehend von Beilngries, sei frühestens in drei Jahren zu rechnen. Für das Streckenstück zwischen dem Bahnhof und der Stadt Eichstätt seien aus Kostengründen umfangreiche Untersuchungen erforderlich. Ein Tunnel durch den Schneckenberg käme aber nicht in Frage.

Diese Ansichtskarte von Kinding (um 1905) zeigt den Ort und die Straße zum Bahnhof der Schmalspurbahn am Fuß des Schellenbergs. Links ist die Altmühl zu erkennen, rechts führt das Tal in Richtung Greding. Heute kreuzen hier die Autobahn und die Schnellfahrstrecke Ingolstadt–Nürnberg das Altmühltal.

Bau der Normalspurbahn Beilngries–Kinding

Im Januar 1922 genehmigte der Reichstag die Mittel zum Bau der Strecke Beilngries–Kinding und stellte weitere für den Umbau Kinding–Eichstätt Bahnhof in Aussicht. Der Bahnbau stand unter der Oberleitung des bautechnischen Streckendezernenten der Reichsbahndirektion (RBD) München, Reichsbahnoberrat Schultheiß. Die örtliche Bauleitung hatte das Reichsbahnbetriebsamt Ingolstadt.

Im Frühjahr 1923 begannen die Arbeiten an den Bahnhöfen Kinding und Beilngries. Streckenarbeiten fanden nach Abernten der Felder im Spätsommer statt. Dann erfolgte ein unfreiwilliger, fünfjähriger Baustopp. Die vom Reichstag bewilligten Finanzmittel waren durch die rasch fortschreitende Inflation aufgebraucht.

Als der Reichstag 1926/27 im Rahmen eines „Beschaffungs- und Bauprogramms zur Belebung der Wirtschaft und Bekämpfung der Arbeitslosigkeit" neue Mittel bewilligte, wurde im Frühjahr 1928 wieder gearbeitet. Der Baustopp hatte einen Vorteil. Die ab 1922 durchgeführte Altmühl- und Schwarzachregulierung verbunden mit Flurbereinigungsmaßnahmen erlaubte eine verbesserte, hochwasserfreie Linienführung.

Bis Dezember 1928 wurden 935.000 Reichsmark (RM) für Erdarbeiten und Kunstbauten aufgewendet, das Gleis lag zwischen Kinding und Pfraundorf. Die Lücke bis Beilngries konnte 1929 für 180.000 Reichsmark geschlossen werden. Zum Endausbau waren dann nochmals 870.000 Reichsmark erforderlich.

Auf Anordnung der Reichsbahndirektion (RBD) München wurden die Arbeiten so beschleunigt, dass am 30. Oktober 1929 die polizeiliche Prüfung der vorerst für 15 km/h und eine Achslast von 20 Tonnen zugelassenen Strecke vorgenommen werden konnte. An Verkehrsstellen wurden eingerichtet: Bf Beilngries (km 46,337 ab Eichstätt Bf), Hp Badanhausen (km 42,866), Bf Pfraundorf (km 41,536), Hp Unteremmendorf (km 40,163), Bf Kinding (km 35,244).

Die Bahnhofsanlagen von Beilngries wurden Großbaustelle. Aus Neumarkt sollten die Personen- und Güterzüge ohne Kopfmachen nach Eichstätt verkehren können. Zwei Lösungen wurden untersucht: Ausfahrt aus dem im Nordosten der Stadt liegenden Bahnhof parallel zur Dietfurter Strecke, danach Umfahrung von Beilngries im Süden; alternativ der Bau eines neuen Bahnhofs im Nordwesten der Stadt und Umfahrung von Beilngries im Norden. Man entschied sich für die zweite Variante und sah den neuen Bahnhof dort vor, wo die Linie aus Neumarkt in einem Linksbogen zum vorhandenen Bahnhof schwenkte. Dieser sollte künftig als Güterbahnhof dienen.

Für den neuen Bahnhof wurden drei Gleise genehmigt: Gleis 2 war für den Verkehr Neumarkt–Eichstätt vorgesehen. Daraus zweigten die Gleise 1 und 3 sowie ein Stumpfgleis zum Güterschuppen und einem privaten Lagerhaus ab. Gleis 1 führte zum Güterbahnhof und weiter nach Dietfurt, Gleis 3 diente als Überhol- und Kreuzungsgleis für die Relation Neumarkt–Eichstätt.

Lokschuppen und Bekohlungsbühne verblieben im alten Bahnhof. Im neuen Bahnhof gab es nur Wasserkräne. Beilngries erhielt ein Empfangsgebäude aus verputztem Mauerwerk mit Wartesaal und Stationsbüro im Erdgeschoss sowie Dienstwohnungen im 1. Stock. Die Größe des Bahnhofsgeländes reichte für spätere Erweiterungen aus.

Der neue Bahnhof Beilngries entstand 1929/30 beim Bau der Strecke Kinding–Beilngries im Nordwesten der Stadt. So konnten die Züge von Neumarkt ohne Kopfmachen nach Eichstätt verkehren. Im Mai 1972 ist die 086 841 mit dem Mittagszug aus Neumarkt in Beilngries angekommen.

Die 64 340 (Bw Ingolstadt) verlässt am 11. Juli 1955 mit dem Zug P 2736 Beilngries in Richtung Eichstätt. Am 2. Oktober 1955 endete der Personenverkehr bis Kipfenberg. Die Sulzbrücke dient heute als Wegbrücke, das BayWa-Lagerhaus (rechts) wurde bis 28. Juli 1989 bedient.

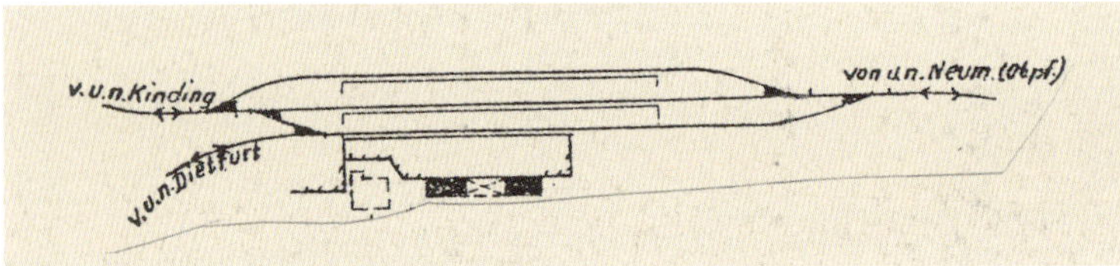

Gleisplan Bahnhof Beilngries.

Die 11,093 Kilometer lange Kindinger Strecke verließ den Beilngrieser Bahnhof in einem Rechtsbogen und überquerte die Sulz auf einer Stahlträgerbrücke von dreimal zehn Metern lichter Weite. Die Pfeiler wurden in Beton ausgeführt und mit Jurasteinen ummauert. Bei Kilometer 45,6 überschritt die Strecke die Grenze zwischen den RBD Nürnberg und München. Die Beilngrieser Bahnhöfe und 737 Meter Strecke zählten zur RBD/BD Nürnberg, der Rest zur RBD/BD München.

Im weiteren Verlauf folgte die Trasse hochwasserfrei den weiten Bögen der Altmühl am linken Flussufer. Neben der Strecke verlief die Landstraße nach Kinding, die zwischen Beilngries und Badanhausen gekreuzt wurde. Nennenswerte Steigungs- und Gefälleabschnitte waren nicht vorhanden. Der kleinste Radius von 300 Metern musste vor Beilngries und Kinding angewandt werden. Die beiden Mündungsarme der Schwarzach in die Altmühl waren vor Erreichen des Bahnhofs Kinding zu überbrücken. Beide Bauwerke wurden bei einer lichten Weite von 8,60 bzw. zweimal 17,50 Metern aus eisernen Vollwandträgern erstellt.

Für die Umgestaltung des Kindinger Schmalspurbahnhofs wurden ebenfalls zwei Lösungen untersucht: Die erste Variante sah einen ortsnahen Normalspurbahnhof am Südrand von Kinding vor, etwa an der heutigen Umgehungsstraße. Umfangreiche Grunderwerbsmaßnahmen und ein Geländeauftrag von ein bis zwei Metern Höhe waren erforderlich. Bei der zweiten Variante lag der Bahnhof an der bisherigen, ortsfernen Stelle, wobei die Achse nach Südosten geschwenkt werden sollte. Hier waren kaum Grunderwerb und kein Geländeauftrag nötig. Die Entscheidung fiel zugunsten der auch von Kinding gewünschten zweiten Variante.

Der neue Kindinger Bahnhof entstand etwa 100 Meter östlich des bestehenden Schmalspurbahnhofs. Drei Bahnhofsgleise genügten den Anforderungen. Als Bahnhofsgebäude reichte ein Holzbau aus. Der vorhandene Schmalspurbahnhof fand wegen seines erhöhten Holzlagerplatzes im Güterverkehr weiter Verwendung. Die Laderampe wurde vergrößert, der Schmalspurlokschuppen abgerissen. Im Süden des Bahnhofsgeländes wurden die Gleise aus altem und neuem Bahnhof Kinding zum Streckengleis nach Eichstätt zusammengeführt.

Am 5. November 1929 erfolgte die Betriebsaufnahme als Güternebenbahn für den Wagenladungs- und Stückgutverkehr. Zur Verkehrsbedienung verkehrte täglich ein Güterzugpaar Beilngries–Kinding. Der Glashütte bei Kipfenberg wollte man den zeitraubenden Transport ihrer Produkte über die Schmalspurstrecke ersparen. Gleichzeitig sollte die Abfuhr von Holz beschleunigt werden. Bis zum Frühjahr 1930 verzögerte sich die Aufnahme des Personenverkehrs, da Bahnhofsgebäude, Unterstellhäuschen und Schüttbahnsteige nicht mehr rechtzeitig fertiggestellt werden konnten.

Diese Ansichtskarte von „Kinding mit Bahnhof" (um 1932) zeigt links vorne den Bahnhof der Schmalspurbahn, rechts davon den Bahnhof der neuen Normalspurbahn Eichstätt–Kinding–Beilngries mit gezogenem Einfahrsignal. Die neue Strecke führt auf einer Brücke mit zwei Feldern über die Schwarzach.

Die bay. Pt 2/3 (DRG/DB 70°) war ab 1932 zusammen mit den Triebwagen CvT 135 (DB VT 70⁹) zwischen Eichstätt und Beilngries anzutreffen. Mit einem kurzen Personenzug nach Eichstätt überquert eine von ihnen die bei der Umspurung neu gebaute Kipfenberger Altmühlbrücke.

Die 98 723, eine bay. BB II (Mallet), zog am 14. Mai 1930 den Eröffnungszug von Kipfenberg über Kinding nach Beilngries, aufgenommen vor der Abfahrt im Bahnhof Kipfenberg. Am selben Tag wurde auch der neue Bahnhof Beilngries in Betrieb genommen.

Umbau der Schmalspurbahn Kinding–Eichstätt Stadt

Im November 1929 begannen in Kinding die Umspurungsarbeiten. Die 2,40 Meter breite Trasse der Schmalspurbahn konnte übernommen werden. In Zugpausen entfernte man abschnittsweise die Schmalspurjoche, arbeitete den Unterbau durch, verstärkte ihn und baute danach 24 Meter lange Normalspurjoche mit dritter Schiene ein.

Als Gleismaterial dienten wie im Abschnitt Beilngries–Kinding gebrauchte, auf 24 Meter Länge zusammengeschweißte Schienen der bayerischen Form X auf hölzernen Querschwellen. Der Oberbau war für eine Achslast von 20 Tonnen und 3,6 Tonnen Metergewicht zugelassen. Als größter Achsstand waren 4,50 Meter bei festen Achsen und neun Meter bei Lenkachsen erlaubt.

Die Kipfenberger Altmühlbrücke wurde durch einen Neubau aus eisernen Vollwandträgern mit zwei Feldern von je 18,50 Metern lichter Weite, gestützt auf einen Mittelpfeiler im Flussbett, ersetzt. Um 2,10 Meter wurde die schmalspurige Schambachbrücke in Arnsberg verbreitert.

Der Bahnhof Kipfenberg erhielt ein Normalspurgleis über die gesamte Bahnhofslänge, das spätere Durchfahrgleis. Das Laderampengleis war in einen Normal- und Schmalspurabschnitt aufgeteilt. Außerdem war ein mit dritter Schiene versehenes Gleis für die Schmalspurzüge nach Eichstätt vorhanden.

Am 12. Mai 1930 endete der Schmalspurbetrieb zwischen Kinding und Kipfenberg. Der letzte Schmalspurzug verließ Kinding um 5.40 Uhr. Nach Herstellung aller Regelspuranschlüsse erfolgten mit einem Dienstsonderzug die polizeiliche Überprüfung und technische Abnahme der Strecke Beilngries–Kipfenberg. Die offizielle Eröffnungsfahrt fand am 14. Mai um 12.30 Uhr mit einem von der 98 723 gezogenen Sonderzug nach Beilngries statt. Einen Grund zum Feiern hatte auch Beilngries. Dort wurde der neue Personenbahnhof eröffnet.

Wesentlich langsamer verliefen die Arbeiten bis Eichstätt Stadt. Ende November 1930 wurden bis Arnsberg Normalspurgleise mit einer dritten Schiene verlegt, im Januar 1931 war Gungolding erreicht. Nun folgte ein fast einjähriger Baustopp. Auslöser war die vom Zusammenbruch der New Yorker Börse (24. Oktober 1929) verursachte Weltwirtschaftskrise, von der auch das Deutsche Reich betroffen war. Finanzmittel für die Umspurung waren nicht mehr vorhanden.

Anfang November 1931 führte Eichstätt die am Stadtbahnhof eingeleiteten Baumaßnahmen in Eigenregie fort und stellte 76 Erwerbslose zum Straßen- und Bahnbau ein. Das 1926 im Rahmen der Altmühlregulierung trockengelegte Freiwasser wurde zugeschüttet, um Platz für den Normalspurbahnhof und eine Umgehungsstraße zu schaffen.

Ein Arbeitsbeschaffungsprogramm der Reichsregierung brachte im Frühjahr 1932 die Wiederaufnahme der Streckenarbeiten zwischen Gungolding und Eichstätt. Neben der Umspurung wurden zwischen Gungolding und Pfalzpaint sowie an der Aumühle in Eichstätt zwei Steigungsabschnitte von 14 bzw. 15 Promille auf 8 Promille abgeflacht und kleinere Einschnitte angelegt.

Der Eichstätter Stadtbahnhof war Verknüpfungspunkt von Normal- und Schmalspur. An der Einfahrt aus Richtung Kinding entfiel die Freiwasserbrücke, das Gleis wurde begradigt. Im Bahnhof entfernte man Gleis 3 der Schmalspurbahn und verbreiterte das Bahnhofsareal in Richtung Umgehungsstraße. So entstand Platz für drei Normalspurgleise, wovon das der Schmalspur am nächsten gelegene als Bahnsteiggleis diente. Gleis 2 war das Umsetzgleis, das dritte Gleis führte zu einer provisorischen Umsetzanlage an der Schmalspurbrücke über das trockengelegte Freiwasser. Zur Kohle- und Wasserversorgung genügten vorerst die Anlagen der Schmalspurbahn.

Am 14. Dezember 1932 verabschiedete die Bevölkerung um 19.05 Uhr den letzten Schmalspurpersonenzug ins Tal. Er erreichte Kipfenberg um 20.25 Uhr und fuhr leer um 21.49 Uhr nach Eichstätt zurück. Nach Einbau der letzten Weiche fand in der Nacht zum 15. Dezember 1932 die endgültige Umstellung statt. An diesem Tag traf um 5.30 Uhr aus Beilngries ein mit der 70 042 (ex bay. Pt 2/3) bespannter Probezug in Eichstätt ein. Da die Fahrt ohne Beanstandungen verlief, kehrte die Garnitur um 6.58 Uhr als Personenzug 103 dorthin zurück. Um 7.25 Uhr war der von der 70 044 gezogene Zug 102 aus Beilngries der erste planmäßige Normalspurpersonenzug in der Stadt an der Altmühl.

Am Eröffnungstag waren die beiden eingesetzten Pt 2/3 des Bw Ingolstadt mit Tannengirlanden, weiß-blauen Fähnchen und einem Weihnachtsbäumchen geschmückt. Viele Eichstätter – darunter vor allem Kinder – bestaunten die im Vergleich zu den Schmalspurzügen riesigen Lokomotiven und Wagen der „Breitspurbahn“, wie sie die Bevölkerung lange Zeit nannte. Die Fahrzeit von Eichstätt Stadt nach Kinding verringerte sich von 105 auf 60 Minuten. In 75 Minuten fuhr man bis Beilngries.

Im Herbst 1932 befährt die 99 074 das Dreischienengleis bei Pfünz.

Ein Eichstätter Lokführer auf dem Führerstand der 99 151.

Am Heilig-Geist-Spital in Eichstätt waren im Herbst 1932 die Bauarbeiten zur Umspurung der Schmalspurbahn in vollem Gange. Mit dem Personenzug aus Kipfenberg fährt eine Lokomotive der Gattung LE in den Stadtbahnhof ein. Am 14. Dezember 1932 endete der Schmalspurbetrieb auf der Talstrecke.

6

Normalspurbahn Eichstätt Stadt–Eichstätt Bahnhof

Erste Untersuchungen zum Umbau der schmalspurigen Stammstrecke Eichstätt Bahnhof–Eichstätt Stadt auf Normalspur datieren aus den Jahren 1907 und 1912. Eine entscheidende Rolle spielte dabei – wie auch später – die Frage: Schneckenbergtunnel ja oder nein? Für die Techniker der Staatseisenbahnen kam aus technischen und finanziellen Gründen eine Anbindung der Lokalbahn mit Tunnel an die Hauptbahn nicht in Frage. Als Alternative schlugen sie eine Streckenführung im Talgrund (300 Meter Mindestradius, acht Promille Höchststeigung) vorbei an Rebdorf und Wasserzell zur Hauptbahnstation Obereichstätt vor. Ein anderer Plan führte die Lokalbahn parallel zur Hauptbahn bis Dollnstein mit ortsnahen Haltepunkten für Obereichstätt und Breitenfurt sowie einem Gleisanschluss für das Hüttenwerk Obereichstätt.

Normal- und Schmalspur in Eichstätt (1933): Die 70 042 ist auf der umgespurten Talstrecke im Einsatz. Die 99 074 (LE IV) hat Wasser gefasst und fährt an den Personenzug nach Eichstätt Bahnhof. Am Güterschuppen stehen zwei schmalspurige GwL, im Güterbahnhof aufgeschemelte Normalspurwagen.

Seilanlage oder Tunnel?

Im Frühjahr 1919 nahm die Eisenbahndirektion (ED) München die vom Krieg unterbrochenen Planungen wieder auf. Im Mittelpunkt der Überlegungen stand dabei eine Schnellzugstation bei Breitenfurt (zwischen Dollnstein und Obereichstätt) mit Lokalbahnanschluss nach Eichstätt und Rennertshofen.

Der Übergang der Länderbahnen in Reichseigentum verzögerte den Fortgang erneut. Im „Begründungsbericht zum Umbau Eichstätt–Beilngries“ vom 30. Januar 1922 ging die Reichsbahndirektion (RBD) München vom Anschluss in Obereichstätt einschließlich Neubau des Lokbahnhofs Eichstätt für insgesamt 17 Mio. Reichsmark aus. Mit Entschließung vom 29. August 1922 wurde der Normalspuranschluss Eichstätts in Beilngries festgeschrieben. Die Stammstrecke sollte vorerst nicht umgespurt, ggf. aber verbessert werden.

Im März 1924 lag das Ergebnis weiterer Untersuchungen vor, das am 12. Mai zwischen Vertretern der DRG und der RBD München bei einem Ortstermin besprochen wurde:

- Lösung 1 sah den Anschluss in Obereichstätt vor.
- Lösung 2 ging zur Überwindung der Höhenstufe von 34 Metern zwischen Wasserzell und Eichstätt Bahnhof von einem Seilbetrieb mit 100 Promille Steigung aus. Regierungsbaurat Dr.-Ing. Wolfgang Bäseler, Erbauer der Oberweißbacher Bergbahn im Thüringer Wald (1919), zeichnete dafür verantwortlich.
- Lösung 3 sah ab Wasserzell eine Reibungsbahn von 50 Promille Steigung mit direkter Einführung in die Station Eichstätt Bahnhof vor.

In den Mittelpunkt der Überlegungen rückte aus Rentabilitäts- und Kostengründen die Seilanlage. Referent Volcker von der RBD München setzte sich vehement dafür ein und führte zur Begründung u.a. die Einsparung an Zugkilometern, Betriebs- und Unterhaltungskosten gegenüber Obereichstätt an.

Den Betriebsablauf beschrieb Volcker wie folgt: „Der mit höchstens zwei Güterwagen ausgelastete Personenzug von Eichstätt Stadt hält in Wasserzell an; die Güterwagen, deren Gewicht das Fördervermögen der Seilbahn (90 t) übersteigt, werden abgehängt; gleichzeitig nimmt der Seilgreifer der Lokomotive das Seil auf. Mittels der Zugkraft der Lokomotive und des Gegengewichts, welches das über eine Scheibe oben in Eichstätt Bf laufende Seil spannt, wird der Zug über die Steilrampe befördert. Die Zugsmaschine fährt dann zu einer geeigneten Zeit entweder allein oder unter Mitnahme von zu Tal laufenden Wagen nach Wasserzell zurück, wobei sie das Gegengewicht wieder in die Höhe zieht, und holt die unten abgestellten Wagen. Güterzüge mit mehr als vier beladenen Wagen müssen geteilt werden, was jedoch keine große Betriebsverzögerung bedeutet, da die Fahrzeit zwischen Wasserzell und Eichstätt Bf 3 Min. nicht überschreitet. Das Abhängen der Wagen und die Bedienung des Seilgreifers besorgt das Zugpersonal.“

Als Zuglokomotive war die bay. GtL 4/4, DRG-Baureihe 98^{8-9} (Höchstgeschwindigkeit 40 km/h), vorgesehen. Auf der Talstrecke von Eichstätt nach Beilngries sollte die schnellere Pt 2/3, DRG-Baureihe 70^{0} (Höchstgeschwindigkeit 65 km/h), eingesetzt werden.

Bis Ende 1926 hielt die RBD München am Entwurf von Dr. Bäseler fest – Geldmittel standen weder dafür noch für einen anderen Anschluss Eichstätts an die Hauptbahn zur Verfügung.

Neue Perspektiven für den Umbau der Stammstrecke eröffnete die ab 1926 als „Notstandsarbeit“ ausgeführte Altmühlregulierung, verbunden mit der Begradigung von Flussbögen, der Absenkung des Grundwasserspiegels und einer umfassenden Flurbereinigung.

Im Zusammenhang damit stellte die RBD München im Februar 1927 einige Baumaßnahmen vor: Der Hofmühlgraben sollte trockengelegt, die Wasserrechte der Gebrüder Emslander, Eigentümer des Grabens und Besitzer der Hofmühl-Brauerei, sollten abgelöst werden. Die Brücken der Schmalspurbahn konnten entfallen, Trassierungsverbesserungen waren möglich. In der Nähe der Brauerei sollte ein Haltepunkt eingerichtet, das bestehende Anschlussgleis beibehalten werden. Die Bahn hatte „ein Interesse daran, den Industriegleisanschluß unter den üblichen Bedingungen zu belassen, weil sonst zweifellos die Brauerei ihre Transporte mit Automobilen bewerkstelligen wird“. Ausreichend Platz zur Erweiterung des Bahnhofs Eichstätt Stadt und zum Neubau des Lokbahnhofs stand durch die Trockenlegung des Freiwassers (ab km 3,8) zur Verfügung. Die Bahnbrücken (km 4,831 und 5,309) sowie Stützmauern von 115 Meter Länge konnten entfallen.

Am 23. Juli 1929 legte die RBD München einen Vorentwurf für die normalspurige Stammstrecke vor. Auf die Seilanlage wurde verzichtet und die heutige Trasse mit Tunnel unter dem Schneckenberg vorgesehen. Im Vergleich zum Anschluss bei Obereichstätt ergaben sich 300.000 Reichsmark Einsparungen an Bau- sowie 11.000 Reichsmark an jährlichen Zugförderungs- und Bahnunterhaltungskosten.

Bahnhof Eichstätt Stadt im Oktober 1934: Beim Umbau von Schmal- auf Normalspur blieb der Gleisplan des Bahnhofs im Wesentlichen erhalten. Links Personenwagen der Normalspurbahn nach Beilngries, rechts Schmalspurgleise für die Züge zum Außenbahnhof. Eine Normalspurweiche liegt zum Einbau bereit.

Umbau der Schmalspurbahn Eichstätt Stadt–Eichstätt Bahnhof

Der endgültige Plan vom 6. Mai 1932 sah den vollbahnmäßigen Ausbau mit einem Mindestradius von 300 Metern (240 Meter im Tunnel) und 15 Promille Steigung vor. Durch Einbeziehung der vom Dolomitwerk Eichstätt-Bahnhof beidseits des Schneckenbergs geschaffenen Steinbruchbreschen waren nur 179 Meter Tunnelausbruch erforderlich. Samt vorgebauten Röhren zum Schutz vor Steinschlag betrug die Länge 187 Meter. Die Kosten für die freie Strecke beliefen sich auf 947.000 Reichsmark, die des Tunnels auf 185.000 Reichsmark.

Für die örtliche Bauleitung war das Reichsbahnbauamt München 1 unter der Aufsicht von Reichsbahnoberrat Arnold verantwortlich. Nach Abschluss des Grunderwerbs und Ausstecken der Trasse begannen im August 1932 zwischen der Hofmühl-Brauerei und Wasserzell die Bauarbeiten. Der trockengelegte Hofmühlgraben wurde aufgefüllt, die überflüssig gewordenen Schmalspurbrücken demontiert. In Höhe der Steghäuser führte man die Strecke auf einer Brücke über die Landstraße. Von der Hofmühle aus musste dazu ein Bahndamm mit 15 Promille Steigung aufgeschüttet werden. Anschließend verlegte man die Schmalspurbahn zwischen Brauerei und Steghäusern auf die neue Normalspurtrasse. Im Brückenbereich beschrieb die Strecke einen sanften S-Bogen, dahinter folgte ein Hangeinschnitt. Bis Wasserzell verlief die Linie in stetiger Steigung entlang des Frauenbergs.

Im Rahmen der Altmühlregulierung war bei der Hofmühle das Flussbett von Brauerei und Bahnlinie weggerückt worden, sodass für die Normalspurbahn ein breiter Geländestreifen zur Verfügung stand. Auf niedrigem Bahndamm verlief sie in weitem Bogen durch die Altmühlwiesen zur Schlagbrücke. Die Schmalspurtrasse entlang der Landstraße wurde verlassen.

Parallel zur Freiwasserstraße benutzte man die alte Schmalspurtrasse bis zur Kreuzung mit der neuen Umgehungsstraße (heute B 13). Das Anschlussgleis eines Steinbruchbetriebs an der Schlagbrücke blieb normalspurig erhalten. In weitem Bogen mündete die Strecke schließlich in den Stadtbahnhof.

Am 4. Juli 1934 ging der neue Haltepunkt Rebdorf-Hofmühle neben den Brauereigebäuden in Betrieb. Die Verbindung nach Rebdorf stellte eine Brücke über die Altmühl her. Jetzt wurde auch das Anschlussgleis zur Brauerei umgebaut. Vom Stadtbahnhof bis zu den Steghäusern benutzten die Schmalspurzüge nun die Normalspurtrasse.

Erste Sprengungen am Schneckenbergtunnel erfolgten im Oktober 1932. Im Juli war der Richtstollen fertig, vier Monate später der Tunneldurchstich vollendet. Mit dem Ausbruchmaterial schüttete man oberhalb Wasserzell einen hohen Damm auf, der beim sogenannten Napoleonfelsen von einer Betonbrücke unterbrochen war. Vor dem Haltepunkt musste die Trasse aus dem Berg gesprengt werden.

An der 5,149 Kilometer langen Strecke lagen die Haltepunkte Wasserzell (km 0,829) und Rebdorf-Hofmühle (2,95). Die Gesamtstrecke ab Beilngries war für 20 Tonnen Achsdruck bei 3,6 Tonnen Metergewicht ausgelegt. Der größte zulässige Achsstand betrug 4,5 Meter bei festen und neun Meter bei Lenkachsen. Für den Bahnbau Eichstätt Bahnhof–Beilngries wurden 200.000 Kubikmeter Erdreich einschließlich 25.000 Kubikmeter Felsen gefördert. Die gesamten Baukosten beliefen sich auf 4,6 Mio. Reichsmark.

Normal- und Schmalspurbahn verlaufen im Juli 1934 auf Vierschienengleis gemeinsam vom Stadtbahnhof bis zu den Steghäusern nahe des ehemaligen Haltepunkts Rebdorf. Ab der Brücke über die Landstraße folgt die Schmalspurbahn wieder der alten Trasse nach Eichstätt Bahnhof.

Wasserzell, Blickrichtung Eichstätt Bahnhof: Am 21. August 1934 sind die Brücke, der Bahndamm und der Schneckenbergtunnel fertiggestellt. Noch verkehrt die Schmalspurbahn um den Schneckenberg herum nach Eichstätt Bahnhof.

Umbau der Eichstätter Bahnhöfe

In Eichstätt Stadt begann im April 1934 der Bau eines gemauerten, zweiständigen Lokschuppens mit Dienstwohngebäude (Kostenfaktor 108.000 Reichsmark). Nach Abtragung des Schmalspurlokschuppens entstanden die Lokbehandlungsanlagen. Die Hochbauarbeiten umfassten ferner ein Bahnmeistereigebäude, die Verlängerung der Güterhalle und den Stellwerksvorbau am Empfangsgebäude.

Zu den drei normalspurigen Bahnhofsgleisen von 1932 kamen durch Umspuren der letzten Schmalspurgleise zwei weitere hinzu. Eichstätt Stadt verfügte somit über drei Bahnsteige, wovon der Hausbahnsteig zur Abfertigung von Sonderzügen am längsten und breitesten war. Mit 290 Metern Nutzlänge legte man Gleis 1 auf halbe Militärzüge aus, war doch Eichstätt–Beilngries–Neumarkt mittlerweile als Umleitungsstrecke eingestuft. Schmäler und kürzer fielen die Bahnsteige zwischen Gleis 1/2 bzw. 2/3 aus. Gleis 2 diente vorwiegend dem Verkehr ins Tal, Gleis 3 konnte nur von Triebwagen mit Beiwagen benutzt werden. Aus allen drei Personenzuggleisen war die Aus-/Einfahrt Richtung Eichstätt Bahnhof bzw. Kinding möglich. Die Zufahrt zum Lokschuppen erfolgte über Gleis 3 bzw. in Höhe des Lokschuppens aus dem Streckengleis.

Im Güterbahnhof wurden alle Schmalspurgleise umgespurt. Zur Holzverladung legte man ein weiteres Gleis an, womit sechs Ladegleise und das Gleis zum Güterschuppen vorhanden waren. Parallel zum Streckengleis Richtung Eichstätt Bahnhof entstand ein 180 Meter langes Rangiergleis.

In Eichstätt Bahnhof wurde die Talstrecke in scharfem Bogen an dem inzwischen abgetragenen Dienstwohngebäude vorbei in das unmittelbar vor dem Empfangsgebäude eingeschobene neue Gleis 1 eingeführt. Die Verlängerung bis zum ehemaligen Wechselwärterhaus diente zusammen mit einem kurzen Nebengleis zum Umsetzen von Lokomotiven oder Triebwagen. Die Landstraße aus Wasserzell musste aus Sicherheitsgründen vor der Tunneleinfahrt auf einer Betonbrücke über die Nebenbahn geführt werden. Das Einfahrsignal auf besonders niedrigem Mast erhielt einen bayerischen Signalflügel. Das zugehörige Vorsignal stand vor der Tunneleinfahrt. Beide Signale und die 98 507 erinnern heute vor dem Ingolstädter Hbf an die Eichstätter Nebenbahn.

Durch eine neu gebaute Bahnsteigunterführung war der zwischen Gleis 3/4 neu angelegte und wie der Hausbahnsteig mit hölzerner Bahnsteigüberdachung versehene Bahnsteig erreichbar. Alle Bahnsteige wurden gepflastert und mit Randsteinen versehen. Ende 1933 waren die 1932 begonnen Arbeiten abgeschlossen.

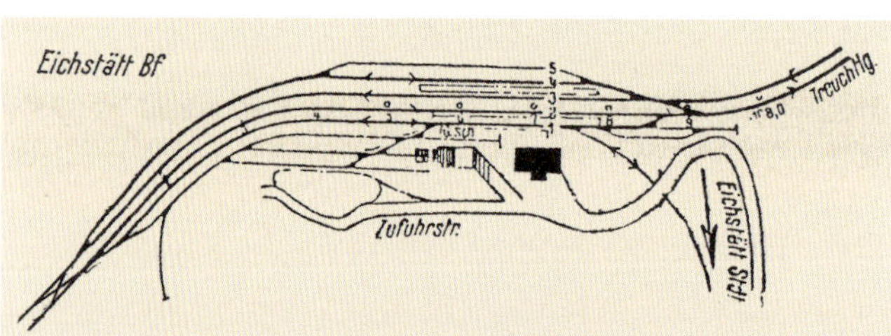

Gleisplan Eichstätt Bahnhof ab 1934.

Am 21. August 1934 wird an der Einfahrt von Eichstätt Bahnhof an der Straßenbrücke über die künftige Normalspurbahn und an der Tunnelausfahrt gearbeitet. Links die Schmalspurbahn, rechts Anlagenreste des Dolomitschotterwerks.

Wechsel von der Schmalspur- zur Normalspurära: Nach Einfahrt des letzten Schmalspurzuges wird am 6. Oktober 1934 an der Einfahrt von Eichstätt Bahnhof die letzte Lücke im Normalspurgleis geschlossen.

Am letzten Betriebstag der Schmalspurbahn erhält die 99 075 morgens in Eichstätt Stadt den Abfahrauftrag zu einer der letzten Fahrten hinauf zum Außenbahnhof. Hinter der Lok laufen ein PPostL, ein achtfenstriger CL (ex BCL) mit Traglastenabteil sowie ein CL von 1908.

Mit Tannengrün und Blumen sind die Lokomotiven 99 151 und 99 075 (links im Hintergrund) für den letzten Schmalspurzug um 12.23 Uhr von Eichstätt Stadt nach Eichstätt Bahnhof festlich geschmückt.

Abschied von der Schmalspurbahn

Am Samstag, den 6. Oktober 1934, endete der am 15. September 1885 eröffnete Schmalspurbetrieb. Allen Unzulänglichkeiten und Unfällen zum Trotz hatte das Bähnchen 49 Jahre und 22 Tage lang seinen Dienst verrichtet. Mit Tannengrün und den politischen Zeichen der Zeit versehen bespannten die 99 151 und 99 075 den letzten Personenzug Nr. 4. Pünktlich um 12.23 Uhr hieß es Abschied nehmen.

An die letzte Fahrt erinnerte sich Anton Gäck: „Tannengrün grüßt uns, als wir den Eichstätter Stadtbahnhof betreten. Der letzte Schmalspurzug soll heute ausfahren. Zischend und fauchend steht er auf dem Geleise. Zwei gezierte Lokomotiven sind vorgespannt und mit Volldampf soll es dem Eisenbahnfriedhof entgegengehen. Eine sehr große Zahl Zuschauer und Fahrgäste hat sich vor den gut zehn Wagen angesammelt und bewundert das Altertum. Jeder will natürlich die letzte Fahrt mitmachen.

12.20 Uhr! Fiebernd bereitet sich alles vor, um Abschied zu nehmen. Der Fahrdienstleiter erscheint. Unwillkürlich greifen die Zuschauer nach den Taschentüchern und winken, bis der Zug über schwankende Schwellen hinweg hinter dem neuen Maschinenhaus verschwindet.“

Der letzte Schmalspurzug in Eichstätt Stadt am 6. Oktober 1934 vor der Abfahrt nach Eichstätt Bahnhof. Hinter den beiden Zuglokomotiven 99 151 und 99 075 ist vor den Eichstätter Wagen ein von der 1930 stillgelegten Schmalspurbahn Neuötting–Altötting stammender Gepäck- und Postwagen eingestellt.

„Bei der ehemaligen Haltestelle Rebdorf geht es hinein in den nunmehr historisch gewordenen Abschnitt. Zum letzten Mal ziehen die beiden Lokomotiven mit voller Kraft den ziemlich steilen Abhang hinauf, um schließlich in Wasserzell als letzter Aussteigestelle anzuhalten. Von weitem gähnt uns das schwarze Loch des neuen Tunnels entgegen, aus dem dann drei Stunden später der erste Probezug der ‚Breitspurbahn' erscheinen sollte. Weiter geht es um die Kurve. Auch die Willibaldsburg grüßt zum letzten Mal herüber und entgegen geht es dem Hauptbahnhof. Abschiedsstimmung herrscht in allen Wagen und Abteilen, alles macht sich zu einem allerletzten Aussteigen bereit.

Ein Rück – ‚Eichstätt Bahnhof' schallt es von hinten her vom Munde des Zugschaffners kommend. Die Schulkinder von Wasserzell sind mit ihrem Lehrpersonal herbeigeeilt, um diesen historischen Augenblick erleben zu können."

Manchem Fahrgast kamen wohl wieder die Scherzworte in den Sinn, welche die Bahn noch lange im Gedächtnis der Bevölkerung des Altmühltals bewahren sollten:

„Wasserzell, Rebdorf, Hofmühl, Schlagbrück,
wer hinkommt hat Glück,
Schlagbrück, Hofmühl, Wasserzell,
wer übern Berg geht, kommt grad so schnell."

Zur feierlichen Eröffnung der Normalspurbahn Eichstätt Bahnhof–Eichstätt Stadt–Kinding traf am 7. Oktober 1934 aus München der „Buntwagen-Sonderzug" ein. Im Lokbahnhof Eichstätt werden die Zuglokomotiven der Baureihe 64 und 78 vor der Weiterfahrt nach Kinding bekohlt und mit Wasser versorgt. Hier die 64 341 des Bw Ingolstadt.

Eröffnung der Normalspurbahn

Nachdem der letzte Schmalspurzug den Stadtbahnhof verlassen hatte, wurde fieberhaft an der Fertigstellung der Normalspurtrasse gearbeitet. Für den Rest des Tages beförderten Busse der Reichspost die Fahrgäste. In Höhe des Lokschuppens baute man die Weichenverbindung zu den Normalspurgleisen und in den Güterbahnhof ein, bei den Steghäusern schloss man eine 25 Meter lange Gleislücke. Dort hatte zuletzt das Vierschienengleis geendet und die Schmalspurbahn war auf dem alten Bahnkörper weiter bis zum Bahnhof gefahren. Eine weitere Gleislücke bestand an der Kreuzung von Schmalspurgleis und künftiger Normalspurstrecke vor der Einfahrt in den Schneckenbergtunnel.

Um 15 Uhr fuhr ein Triebwagen CvT 135 nach Wasserzell und zurück. Der Probezug mit der 57 2941 des Bw Ingolstadt erreichte um 16 Uhr ebenfalls Wasserzell, gegen 17 Uhr Rebdorf-Hofmühle und gegen 18 Uhr den Stadtbahnhof. Abends führte man auf der neuen Strecke Personalschulungsfahrten mit dem Triebwagen durch.

Am Sonntag, den 7. Oktober 1934, verkehrte um 5.05 Uhr ein Triebwagen als erster planmäßiger Normalspurzug von der Stadt zum Bahnhof. Hatte die Schmalspurbahn 20 Minuten Fahrzeit benötigt, so war dieser auf der für 50 km/h zugelassenen Strecke nur zwölf Minuten unterwegs.

Nach Schließung der letzten Lücke im Normalspurgleis fährt ein CvT 135 (DB VT 70^9) am 6. Oktober 1934 um 15 Uhr von Eichstätt Bahnhof durch den Schneckenbergtunnel bis zum Haltepunkt Wasserzell, wo er von der Bevölkerung bestaunt wird.

Den Auftakt der Feierlichkeiten bildete das Eintreffen des „Buntwagen-Sonderzuges“ aus München, bespannt mit zwei Dampflokomotiven (Baureihe 64 und 78), in Eichstätt Bahnhof. Unter den Ehrengästen war Ministerialrat von Opel, der Erbauer der Schmalspurbahn. Reichsbahnoberrat Arnold erläuterte den Bahnbau und stellte fest, dass der Umbau planmäßig und ohne Unfälle verlaufen war. Beim Bau des Schneckenbergtunnels hätte sich gegenüber den Berechnungen nur eine Abweichung von 15 Millimetern ergeben. Nachdem die Festgäste die abgestellten Schmalspurfahrzeuge besichtigt hatten, fuhr der Sonderzug weiter nach Eichstätt Stadt, wo er mit lautem Böllerkrachen um 12 Uhr begrüßt wurde.

Nach einem Empfang der Gäste auf dem Marktplatz fuhr der Sonderzug am Nachmittag mit den Eichstätter Schulkindern nach Kinding. Die Ehrengäste wurden in Kipfenberg auf Kosten der Reichsbahn bewirtet. Um 18 Uhr war man in der Bischofsstadt zurück.

Den ganzen Tag über bildete der Stadtbahnhof einen Anziehungspunkt. Die Züge zum Bahnhof und nach Kinding waren überfüllt, gewährte die Reichsbahn doch Freifahrt für alle. Neben den regulären Reisenden benutzten rund 3.000 Personen im Rahmen der Freifahrten die Züge. Wenn auch die Schmalspurbahn die Personenbeförderung stets zur Zufriedenheit abgewickelt hatte, so wäre sie diesem Fahrgastandrang niemals gewachsen gewesen. Was an diesem Tag niemand ahnte: Die neue Bahnverbindung sollte dem Tal nicht einmal 30 Jahre erhalten bleiben.

Eichstätt Bahnhof im Sommer 1935: Gleis 1 mit CvT 135 in Richtung Eichstätt Stadt, Gleis 2 mit Personenzug (mit Baureihe 64) nach Treuchtlingen, Gleis 4 mit einfahrendem Güterzug aus Treuchtlingen (mit Baureihe 57).

7

Sommer 1953: Bahnfahrt von Eichstätt nach Beilngries

In diesem Kapitel soll eine Zeitreise in das Jahr 1953 erfolgen: Wir wollen uns 70 Jahre zurückversetzen und auf der Altmühltalbahn von Eichstätt Bahnhof über Eichstätt Stadt, Kipfenberg und Kinding nach Beilngries fahren.

Die Bahnhofsuhr in **Eichstätt Bahnhof (km 0,0)** zeigt 13.45 Uhr. Ein großes Emailleschild an der Bahnsteigüberdachung vor Gleis 1 weist den Weg: „Züge in Richtung Eichstätt Stadt–Kipfenberg–Beilngries".

Zuglok des aus drei Personen- und einem Gepäckwagen bayerischer Bauart gebildeten P 2739 ist heute die 98 1801. Seit Oktober 1952 beim Lokbahnhof Eichstätt des Bw Ingolstadt beheimatet, hat sie auf der Altmühltalbahn die Baureihe 86 abgelöst. Im Jahr 1937 von Krauss-Maffei in München-Allach für LAG gebaut, kam sie bei deren Verstaatlichung 1938 zur Reichsbahn. Mit einer Leistung von 470 PS und 70 km/h Höchstgeschwindigkeit sind die baugleichen Maschinen 98 1801 (LAG 87) und 98 1802 (LAG 88) der DB und die TAG 7 der Tegernsee-Bahn die stärksten und schnellsten Lokalbahnlokomotiven in Bayern.

Mit einem Personenzug zum Außenbahnhof verlässt eine der beiden 98^{18} (ex LAG 87 und 88) im Sommer 1953 den Eichstätter Stadtbahnhof. Neben dem Einfahrsignal ist auch die damalige Sicherung des Bahnübergangs der Umgehungsstraße (heute B 13) mit Andreaskreuzen beachtenswert.

Als der Zeiger der Bahnhofsuhr auf 13.55 Uhr springt, gibt der Zugführer den Abfahrauftrag. Obwohl die Geschwindigkeit bis zum Ende des Schneckenbergtunnels auf 40 km/h begrenzt ist, beschleunigt die Lok rasch. Die Radsätze quietschen, als der Zug am Dienstwohnhaus vorbei im 240-Meter-Bogen nach rechts aus dem Bahnhof fährt und im 187 Meter langen Schneckenbergtunnel verschwindet. Anschließend öffnet sich links der Blick auf das weite Tal mit seinen markanten Blickpunkten Willibaldsburg und Kloster Rebdorf.

Das letzte Stück bis zum Haltepunkt **Wasserzell (km 0,9)** legen wir auf einem hohen Damm zurück. Etwa 25 Meter unter uns verläuft die von der Schmalspurbahn mitbenutzte Straße. Am Haltepunt bietet eine Unterstellhütte einen Witterungsschutz. Zwei schmale Fußwege führen hinunter ins Dorf. Nach kurzem Aufenthalt fahren wir weiter. Die Strecke verläuft am Hang des Frauenbergs entlang nordostwärts. In Höhe der Steghäuser – benannt nach einem Steg über die Altmühlwiesen zum Kloster Rebdorf – biegt sie durch einen Einschnitt nach Norden und kreuzt die Landstraße auf einer Betonbrücke. Beim Blick aus dem rechten Wagenfenster sehen wir auf der Anhöhe malerisch von Bäumen eingerahmt die Frauenbergkapelle, ein kleines Wallfahrtskirchlein.

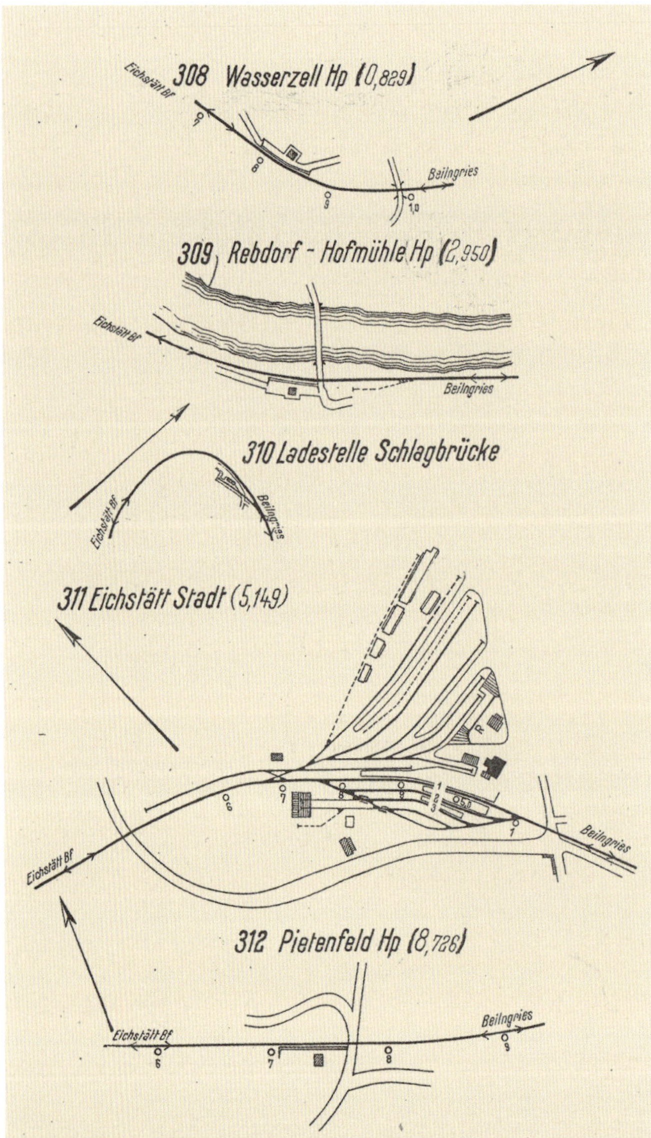

Gleispläne der Betriebsstellen Wasserzell, Rebdorf-Hofmühle, Eichstätt Stadt, Pietenfeld und der Ladestelle Schlagbrücke aus dem Jahr 1939. Die Pfeile neben den Plänen in diesem Kapitel weisen jeweils nach Norden.

Die Altmühltalbahn Eichstätt–Beilngries auf einer Streckenkarte der Deutschen Reichsbahn von 1938 (oben, gelb hinterlegt) und der Streckenverlauf mit allen Betriebsstellen (große Zeichnung).

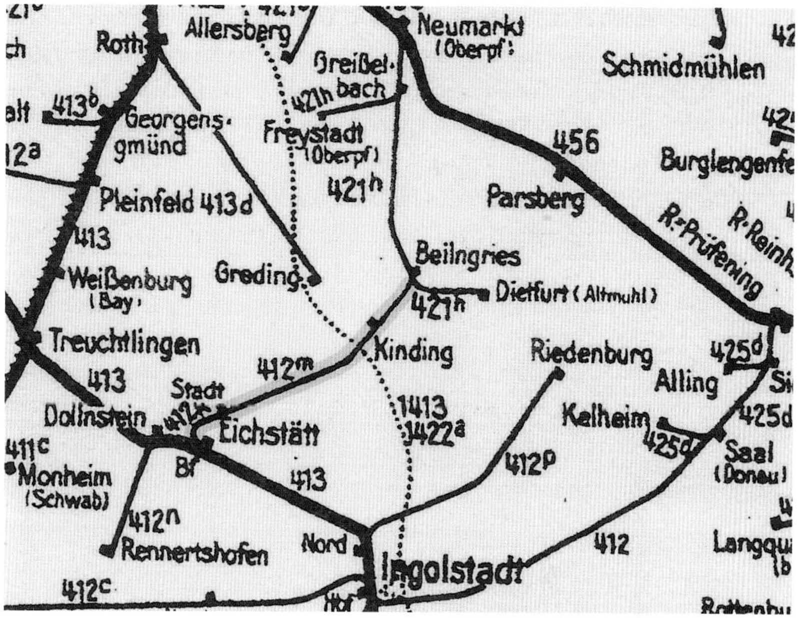

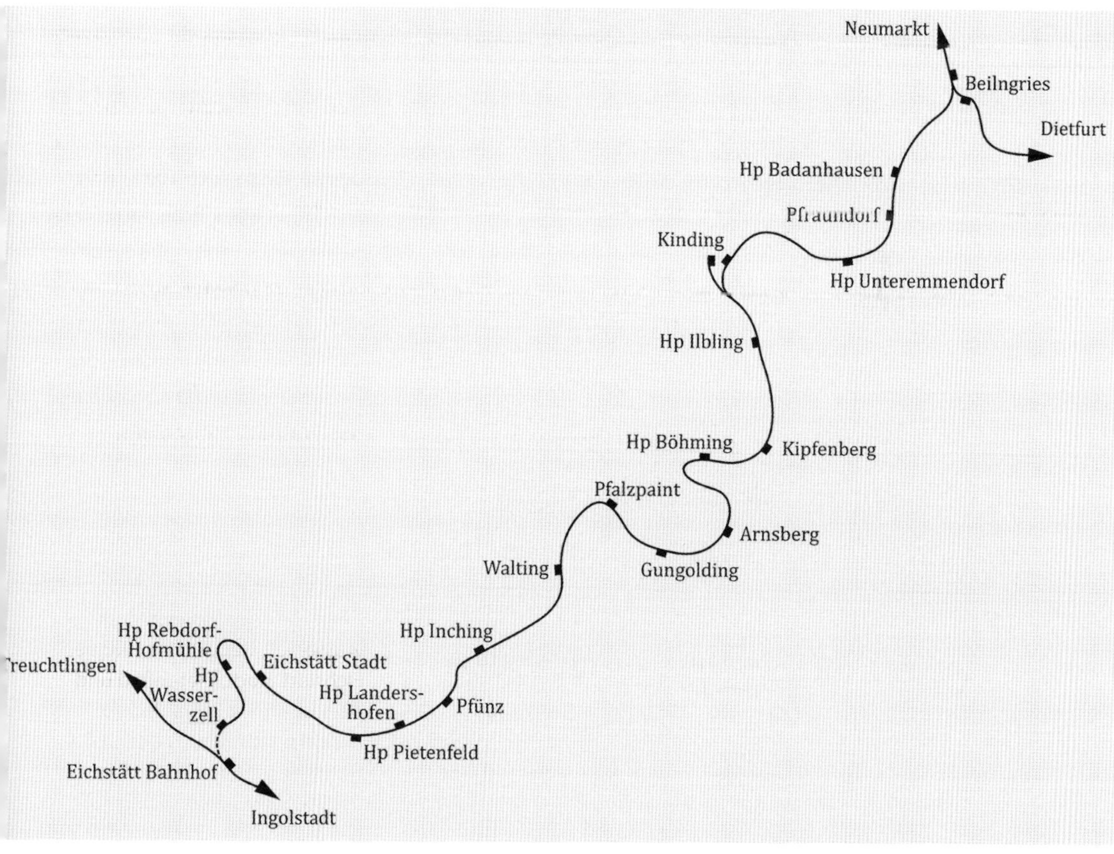

Der Zug erreicht den Haltepunkt **Rebdorf-Hofmühle (km 3,0)**, welcher die Haltepunkte Rebdorf und Hofmühle der Schmalspurbahn vereinigt. Eine Brücke führt über die Altmühl zum Barockbau des Klosters Rebdorf. Hinter dem Bahnübergang liegt rechts das Anschlussgleis der Brauerei, wo zwei Bierwagen beladen werden. Die Hofmühle wurde Ende des 15. Jahrhunderts von Bischof Wilhelm von Reichenau als Gutshof, Mühle und Brauerei gegründet. Wir fahren ganz nahe an dem Komplex vorbei. In einem Garten sind noch die Auflager der Schmalspurbrücke über den früheren Hofmühlgraben erkennbar. Während die Schmalspur hier an einer ihrer unfallträchtigsten Stellen in engen 60-Meter-Bögen und starker Steigung zur Landstraße hinaufschnaufte, rollen wir in weitem Bogen durch die Altmühlwiesen.

An der Schlagbrücke zweigt rechts ein Anschlussgleis zu einem Steinbruchbetrieb ab. Offene Güterwagen werden gerade mit Kalksteinplatten (sog. Juraplatten) beladen. Auf dem Bergrücken über Bahn und Fluss thront die Willibaldsburg, Wahrzeichen von Eichstätt. Das mit seinen zwei mächtigen Türmen auffallende Bauwerk beherbergt das Jura-Museum mit vielen Zeugnissen aus der Geschichte des Altmühltals und der Juralandschaft, darunter ein Exemplar des berühmten Urvogels Archäopteryx.

Die Bahnlinie umrundet den Burgberg. Am Einfahrsignal vorbei biegt sie nach dem Bahnübergang nach Südosten, parallel verläuft links das Ausziehgleis des Güterbahnhofs. Vorbei am Lokschuppen (rechts) erreichen wir **Eichstätt Stadt (km 5,1)**.

Zwei Minuten Aufenthalt sind im Stadtbahnhof vorgesehen. Vom Wagenfenster aus schweift der Blick über die markante Silhouette der Bischofsstadt mit der Heilig-Geist-Kirche und den aus romanischer Zeit stammenden Türmen des Doms. Dieser geht in seinem Kern auf den Hl. Willibald, den ersten Bischof von Eichstätt, zurück. In einem Marmorschrein ruhen die Gebeine des Diözesanheiligen. Links vom Dom ragt der Turm des Eichstätter Rathauses

Nach der Abfahrt am Haltepunkt Rebdorf-Hofmühle fährt die 86 780 im Sommer 1952 mit einem Personenzug unterhalb der Willibaldsburg durch die Altmühlwiesen in Richtung Eichstätt Stadt. Rechts erkennt man das Kloster Rebdorf.

empor, weiter im Norden erheben sich gleichsam festungsartig Kloster und Kirche von St. Walburg. In einem Gruftaltar ruhen die Gebeine der Hl. Walburga, Schwester von Willibald.

Um 14.09 Uhr setzt der Zug seine Fahrt fort. Im Schritttempo und unter lautem Pfeifen und Läuten wird die Spitalkreuzung überquert. Bis Kinding fährt der Zug nun auf der Trasse der einstigen Schmalspurbahn.

Auf dem linken Altmühlufer erhebt sich die Schutzengelkirche (früher Jesuitenkirche). Danach wird die Sommerresidenz der Fürstbischöfe mit ihrem Rokokogarten sichtbar. Einen besonderen Schatz birgt das benachbarte Kapuzinerkloster: die einzige mittelalterliche Nachbildung des ursprünglichen Heiligen Grabes von Jerusalem, so wie es die Kreuzfahrer angetroffen hatten.

Inzwischen hat der Zug mit gemächlichen 50 km/h den Haltepunkt **Pietenfeld (km 8,7)** erreicht. Ein kurzer Schüttbahnsteig, ein Haltestellenschild und das erst 1932 aufgestellte hölzerne Wartehäuschen entsprechen dem geringen Verkehrsaufkommen. Das Dorf liegt südöstlich auf der Jurahöhe.

Bis zum Haltepunkt **Landershofen (km 10,0)**, der wie Pietenfeld ausgestattet ist, fahren wir am Waldrand entlang. Das Dorf liegt am anderen Flussufer. Hier wird deutlich, dass die Schmalspurtrasse am Hochufer der Altmühl angelegt wurde.

15 Minuten Fahrzeit benötigt der Zug von Eichstätt bis **Pfünz (km 12,5)**. Die kleine Haltestelle mit zwei Schüttbahnsteigen verfügt über ein Ausweichgleis für Zugkreuzungen. Vor dem Agenturgebäude mit Güterschuppen endet ein Ladegleis. Der Ortsname kommt aus dem Lateinischen (pons = Brücke), denn die Römer hatten hier eine Brücke über die Altmühl gebaut. Auf dem Kirchberg lag das Römerkastell Vetonianis, von dem noch Fundamente erhalten sind. Die

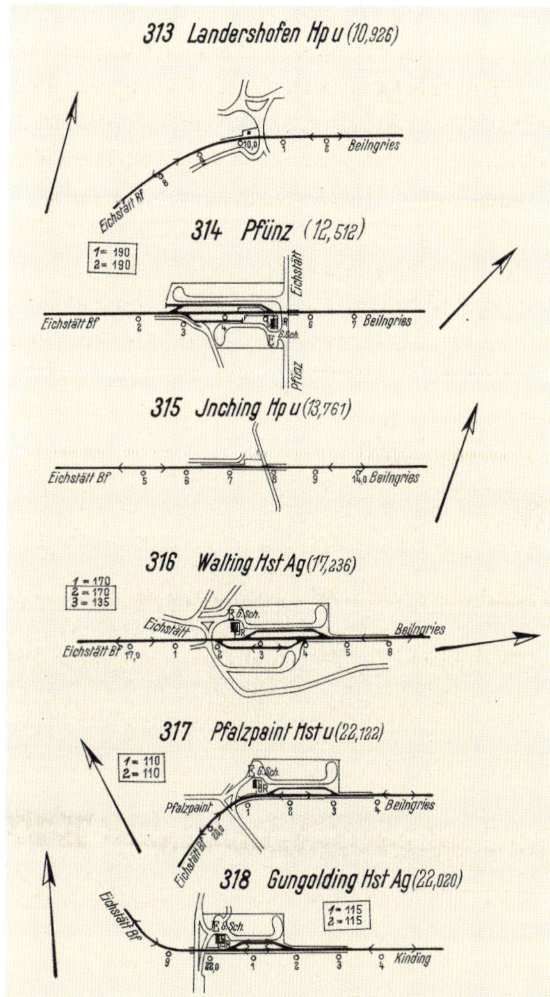

Gleispläne der Betriebsstellen Landershofen, Pfünz, Inching, Walting, Pfalzpaint und Gungolding.

Siedlung auf dem Gelände des heutigen Dorfes war ein „Industrieviertel“ mit Eisenschmelze, Schmiede- und Töpferöfen.

Nun kreuzen wir die Talstraße und umrunden den Garten des ehemaligen fürstbischöflichen Sommerschlosses aus dem Jahr 1710. Bis zum Haltepunkt **Inching (km 13,7)** verläuft die Bahnlinie durch die Altmühlwiesen. Der kleine Haltepunkt verfügt nicht einmal über eine Schutzhütte. Unterhalb der steil aufragenden Jurafelsen liegt das Dorf am anderen Altmühlufer.

Nach erneutem Kreuzen der Talstraße steigt die Strecke leicht an und verläuft am Hang entlang oberhalb der Waltinger Mühle. Beim Bahnbau waren hier umfangreiche Felssprengungen erforderlich. Vor dem Halt in **Walting (km 17,1)** wird nochmals die Landstraße gekreuzt. Die Haltestelle ist mit einem Agenturgebäude mit Güterschuppen und zwei Ausweichgleisen ausgestattet, eines davon an der Ladestraße.

Jetzt verengt sich das Tal und auch die Bahn folgt den Flussschleifen. Nach einem Rechtsbogen halten wir in **Pfalzpaint (km 20,0)**. An das Agenturgebäude schließt ein Ausweichgleis neben der Ladestraße an. Vom Zug aus sehen wir im Dorf noch viele alte Jura-Häuser, erkennbar an dem recht flachen, mit Legschiefer (Juraplatten) gedeckten Dach.

Wieder kreuzen wir die Talstraße. Am linken Hang erstreckt sich die Gungoldinger Wacholderheide. Sie zeigt noch die früher typische Juralandschaft: kahle Hänge mit Trockenrasen und Wacholderbüschen. Die Haltestelle **Gungolding (km 21,9)** ist nach dem Muster von Pfalzpaint angelegt. Ein Steinbruchbetrieb verlädt Juraplatten und sorgt neben der Forstwirtschaft für Frachtaufkommen. Zur Schmalspurzeit war hier ein Aufenthalt zum Wasserfassen eingeplant.

Im Juli 1950 hat die 86 587 mit dem Personenzug P 2741 gerade den Haltepunkt Landershofen erreicht. Eine kleine Holzhütte genügt für die wenigen Reisenden als Unterstand bei schlechtem Wetter. Die Bahntrasse dient heute als Radwanderweg.

Vor Einfahrt in die Haltestelle **Arnsberg (km 24,0)** überquert der Zug die von Süden in die Altmühl mündende Schambach auf einer eisernen Brücke. Diese stammt noch aus der Zeit der Schmalspurbahn und wurde bei der Umspurung lediglich verbreitert. Die Arnsberger Gleisanlagen sind recht umfangreich: zwei Ausweichgleise, ein Stumpfgleis und das Anschlussgleis zu einem Sägewerk. Der Ort schmiegt sich eng an einen steil aufragenden Jurafelsen, auf dem sich 120 Meter über dem Talgrund die Burg erhebt.

Nach der Abfahrt ist auf etwa 1,5 Kilometern zwischen Altmühl und Berghang gerade noch Platz für Bahnlinie und Straße. Steil ragen auch hier die Felsen auf. Vor Böhming weitet sich das Tal etwas, macht eine Rechtsbiegung und der Ort liegt vor uns. Unser Blick fällt auf die links abseits in einer Wiese auf den Resten eines römischen Kastells erbaute Dorfkirche aus dem 15. Jahrhundert. Nach Kreuzen der Talstraße kommt der Zug am Haltepunkt **Böhming (km 27,3)** zum Stehen. Schüttbahnsteig, Haltestellentafel und ein hölzerner Unterstand entsprechen dem bescheidenen Aufkommen im Personenverkehr.

Die Strecke folgt wieder der Landstraße und quert sie vor Einfahrt in den mit Signalen ausgestatteten Bahnhof **Kipfenberg (km 29,3)** zum letzten Mal. Hier kreuzt unser Zug den aus Beilngries eingetroffenen P 2736 mit der 70 089 als Zuglok. Das zweistöckige Bahnhofsgebäude ist aus Jurabruchsteinen gemauert. In Richtung Kinding schließt eine geräumige Güterhalle an. Der Bahnhof hat zwei Ausweichgleise, sogar einen Mittelbahnsteig gibt es. Zur Holzverladung dient die lange Laderampe mit zwei Stumpfgleisen. Eine Glasfabrik, die Arzneimittelfabrik Täschner sowie die Land- und Forstwirtschaft sorgen für Aufkommen im Güterverkehr. Vom Zug aus fällt unser Blick auf die Burg, malerisch auf einem hohen Jurafelsen über dem Markt gelegen. 1914 erwarb die Berliner Familie Täschner die Ruine und ließ sie wieder aufbauen. Auf dem gegenüberliegenden Michelsberg hatten die Kelten ein Oppidum zur Bewachung des Altmühlübergangs errichtet.

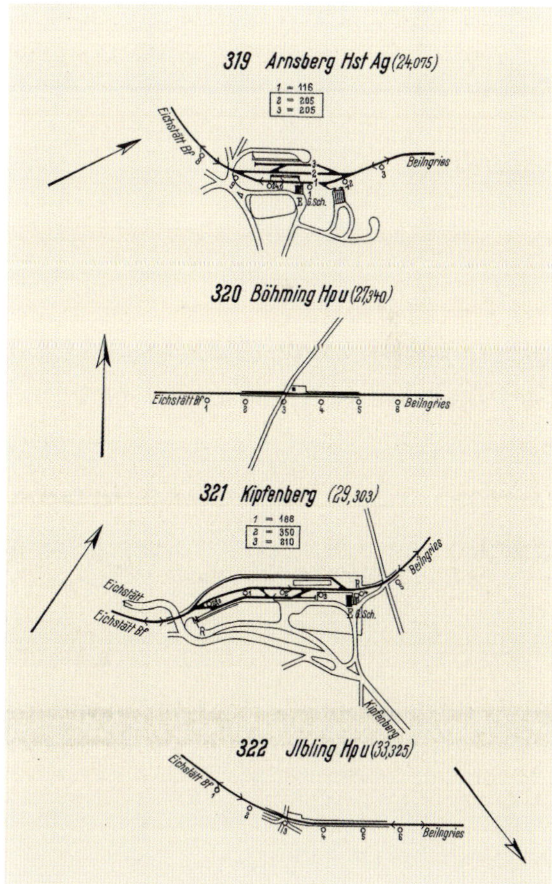

Gleispläne der Betriebsstellen Arnsberg, Böhming, Kipfenberg und Ilbling.

Oberlokführer Hub (2.v.l.), der schon auf der Schmalspurbahn Dienst getan hatte, wurde von seinen Eichstätter Kollegen auf der Fahrt in den Ruhestand würdig verabschiedet. Die Aufnahme entstand im Sommer 1954 im Bahnhof Kipfenberg. Zuglok des Güterzugs war die 98 1801.

Nun wird die Altmühl auf der anlässlich der Umspurung neu gebauten Brücke überquert. Fast schnurgerade verläuft die Strecke nun am linken Flussufer und erreicht den Haltepunkt **Ilbling (km 33,3)** mit dem für Lokalbahnen typischen Schüttbahnsteig und einem Haltestellenschild.

In **Kinding (km 35,2)** endete die Schmalspurbahn. Beim Bau der Strecke nach Beilngries wurde 1929 der in einem Rechtsbogen liegende dreigleisige Normalspurbahnhof angelegt. Neben dem Bahnhofsgebäude kommt der Zug zum Stehen. Zwischen Gleis 1 und 2 ist ein kurzer Schüttbahnsteig vorhanden. Gleis 3 dient für Güterzüge und zum Abstellen von Wagen. Nach Aufnahme des Normalspurbetriebs Beilngries–Kipfenberg im Mai 1930 wurde der Schmalspurbahnhof umgespurt und dient seither der Holzverladung. Am erhöhten Holzlagerplatz liegt ein langes Stumpfgleis. Das aus der Schmalspurzeit stammende zweistöckige Bahnhofsgebäude ist wie das Kipfenberger aus Jurabruchsteinen gebaut.

Gleich nach der Abfahrt unterquert der Zug die Autobahn, die hier das Altmühltal kreuzt. Auf zwei eisernen Brücken werden die Mündungsarme der Schwarzach passiert, links liegt Kinding. Eine Sehenswürdigkeit stellt die Wehrkirche dar. In Kriegszeiten konnte hier die gesamte Bevölkerung Kindings Zuflucht finden. Bis Beilngries befahren wir jetzt die 1929

Im Sommer 1953 warten am Agenturgebäude der Haltestelle Pfalzpaint zahlreiche Reisende auf den Personenzug von Beilngries nach Eichstätt. Zuglok ist an diesem Tag die 70 027 des Bw Ingolstadt.

fertiggestellte Strecke. Sie verläuft am linken Altmühlufer hochwasserfrei neben der Talstraße. Das Tal weitet sich zunehmend. Erster Haltepunkt mit hölzernem Unterstand und Schüttbahnsteig ist **Unteremmendorf (km 40,1)**. Der Ort mit Wehrkirche liegt auf dem rechten Flussufer.

Nach einem Linksbogen ist gleich darauf die Haltestelle **Pfraundorf (km 41,5)** erreicht. Das mit zwei seitlichen Stumpfgleisen versehene Ausweichgleis ermöglicht Zugkreuzungen. Die Bahn verläuft nun in nordöstlicher Richtung am Haltepunkt **Badanhausen (km 42,8)** vorbei weiter. Hoch oben auf einem Bergrücken wird Schloss Hirschberg sichtbar.

Vor Einfahrt in den 1929 neu angelegten Bahnhof **Beilngries (km 46,3)** wird die Sulzbrücke befahren. Ein Anschlussgleis führt zum BayWa-Lagerhaus. Von rechts kommend biegt die Lokalbahn aus Dietfurt in den mit Flügelsignalen gesicherten Bahnhof ein. Um 15.27 Uhr hält unser Zug am Bahnsteig von Gleis 2 neben dem Wasserkran. Wir haben für die 46 Kilometer lange Strecke ohne nennenswerte Unterwegsaufenthalte 92 Minuten benötigt.

Für die Weiterfahrt um 15.57 Uhr als P 2639 nach Neumarkt (an 16.55 Uhr) werden die Wasserkästen der Lok gefüllt. In Neumarkt wird die 98 1801 frisch aufgerüstet und zur Fahrt mit P 2644 um 18.56 Uhr nach Dietfurt vorbereitet. Tags darauf geht es morgens um 4.03 Uhr mit P 2621 nach Neumarkt und von dort um 7.50 Uhr mit P 2626/2732 zurück nach Eichstätt.

Nach einstündigem Aufenthalt in Beilngries fahren wir nach Eichstätt zurück. Der VT 70 923 trifft mit einem VB 140 um 16.32 Uhr als P 2638 aus Neumarkt ein. Auf Gleis 1 steht der Anschlusszug nach Dietfurt, bespannt mit einer 86er des Bw Nürnberg Rbf. Nach kurzem Aufenthalt verlässt der Triebwagen um 16.33 Uhr als P 2738 Beilngries. Für uns besteht die Gelegenheit, dem Triebwagenführer über die Schulter zu blicken und so die Altmühltalbahn aus einer anderen Perspektive zu erleben. Wir ahnen nicht, dass die einstmals heiß erkämpfte Bahnverbindung durch das Altmühltal in wenigen Jahren Geschichte sein wird.

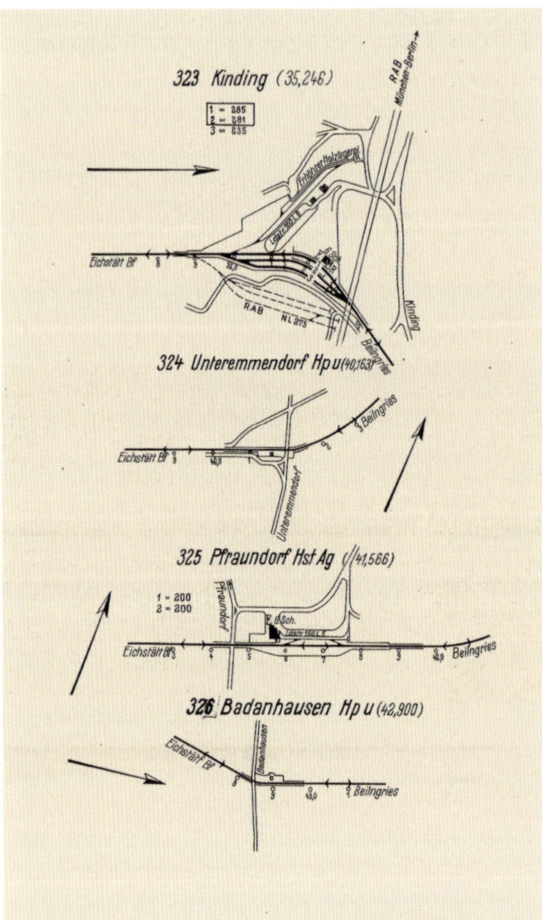

Gleispläne der Betriebsstellen Kinding, Unteremmendorf, Pfraundorf und Badanhausen.

8

Die Normalspurbahn seit 1929

Zwischen Beilngries und Kinding verkehrte ab 5. November 1929 ein Güterzugpaar, das auch Bauzugleistungen für Kinding–Kipfenberg erbrachte. Das Bw Nürnberg Rbf setzte die Baureihen 54^{13} und 54^{14} (bay. C VI und G 3/4 N), 91^{3} (preuß. T 9^{3}) sowie die Malletlok 98^{7} (bay. BB II) ein. Am 12. Mai 1930 übernahm die Normalspur die Leistungen der Schmalspurbahn zwischen Kinding und Kipfenberg. Den Eröffnungszug Kipfenberg–Beilngries bespannte am 14. Mai die Malletlokomotive 98 723.

Im Anschluss an die Schmalspurzüge aus Eichstätt liefen fortan vier Zugpaare mit 43 Minuten Fahrzeit zwischen Kipfenberg und Beilngries. Anschlüsse bis/von Neumarkt bzw. Dietfurt waren nicht immer gegeben. In der Mittagspause verkehrte ein Güterzugpaar. Nun kamen auch die 98^{4-5} (bay. D XI) mit einer aus Gepäck- und drei III.-Klasse-Personenwagen bestehenden Garnitur ins Altmühltal. Ab Winter 1930/31 legte die DRG zu den Markttagen in Beilngries am 2. und 4. Dienstag jeden Monats zwei weitere Zugpaare (Kipfenberg ab 6.30 Uhr bzw. 11 Uhr) ein.

Auf der Fahrt von Eichstätt Bahnhof nach Beilngries haben im Juli 1950 der bereits rot lackierte VT 70 923 und der noch rot-beige VB 140 255 den Eichstätter Stadtbahnhof erreicht. Kinder genießen die Fahrt am geöffneten Fenster. Auf dem Bahnsteig weist ein Schild auf den Zug „Richtung Beilngries" hin.

Von der Reichsbahn zur Bundesbahn

Ab Dezember 1932 war das Maschinenamt Ingolstadt für den Fahrzeugeinsatz zuständig. Das Bw Ingolstadt überführte am 14. Dezember die 70 042 und 044 mit zwei Wagengarnituren über Nürnberg nach Beilngries. Während die 70 042 am Morgen des 15. Dezember den Probezug nach Eichstätt Stadt bespannte, traf die 70 044 mit dem ersten Planzug Nr. 102 um 7.25 Uhr in Eichstätt Stadt ein. Die Fahrzeit bis Kinding betrug 60 statt 105 Minuten, bis Beilngries 75 Minuten.

Auf der Talstrecke verkehrten täglich vier Zugpaare. Morgens und abends gab es Durchläufe ohne Lokwechsel bis/ab Neumarkt. Tagsüber pendelte eine Garnitur zwischen Beilngries und Eichstätt, die zweite zwischen Neumarkt und Dietfurt. Der Güterverkehr wurde mit einem Zugpaar Beilngries–Eichstätt Stadt abgewickelt, bespannt mit einer 54^{15} (bay. G 3/4 H).

Ab 1930 testete die RBD Nürnberg u.a. auf der Strecke Beilngries–Eichstätt Stadt zwei- und vierachsige Verbrennungstriebwagen (CvT 135 und 137) mit unterschiedlicher Kraftübertragung und zum Teil Stangenantrieb und Dachkühler (u.a. spätere DB-Baureihen VT 62^9, VT 69^9, VT 75^9). Im Tal entsprachen die 70 km/h schnellen zweiachsigen CvT 135 den Anforderungen. Bei Triebwagenausfall konnte die für 65 km/h zugelassene Baureihe 70^0 („Triebwagenschreck") mit einem Wagenzug aushelfen.

Im Frühjahr 1934 kam einer der vierachsigen WUMAG-Triebwagen 137 010–020 (DB VT 62^9) mit Stangenantrieb auf einer Probefahrt von Beilngries bis Eichstätt Stadt. In Kipfenberg erregte er vor allem wegen seines II.-Klasse-Abteils Aufsehen.

Auf der Stammstrecke waren bis Juni 1935 die Nürnberger CvT 135 eingesetzt. Mit den fabrikneuen CvT 135 041 und 042 zog am 16. Juni 1935 auch beim Bw Ingolstadt die Dieseltraktion ein. Zusammen mit den CvT 135 040 und 043 (25. Juni 1935) lösten sie die Nürnberger Fahrzeuge ab. Die Triebwagen verkehrten bis Beilngries, Neumarkt und Dietfurt, wo man den Lokschuppen zum Unterstellen der Triebwagen verlängert hatte. Für die übrigen Züge und als Reserve bei Triebwagenausfall waren beim Lokbahnhof Eichstätt zwei 70° vorhanden.

Die Triebwagen verkürzten die Fahrzeit vom Bahnhof zur Stadt auf 12 Minuten. Die Pendelzüge, etwa 20 Zugpaare pro Tag, verkehrten zu allen Hauptbahnzügen. Auf der Talstrecke bis Beilngries änderte sich mit vier Paaren nichts.

Bis 1939 waren Eichstätt und das Altmühltal oft Ziel von Sonderzügen. Um den Reisenden möglichst viel von der Schönheit des Tales zu zeigen, war die DRG bestrebt, die Sonderzüge auf der Hin- oder Rückfahrt über Kipfenberg, Beilngries und Neumarkt fahren zu lassen. Typische Zuglokomotiven der vor allem von der NS-Organisation „Kraft durch Freude" bestellten Sonderzüge waren die Baureihen 38^{4} (bay. P 3/5H), 38^{10} (preuß. P 8), 54^{15} und 64. Eine Attraktion stellten die Fahrten des Aussichtstriebwagens mit Dieselantrieb CvT 137 240 durch das Tal dar. Tagesausflügler aus München und Nürnberg konnten Rundreisekarten ins Altmühltal erwerben.

Der Triebwagen CvT 135 043, der spätere VT 70 981 der DB, war ab 25. Juni 1935 beim Bw Ingolstadt beheimatet und im Pendelverkehr zwischen den Eichstätter Bahnhöfen eingesetzt. Als einziger Triebwagen aus der Vorkriegszeit fuhr er auch nach 1945 noch im Altmühltal.

Mit dem Bau der Reichsautobahn Berlin–München (1936 bis 1939) erfuhr der Güterverkehr durch die Baustofftransporte einen großen Aufschwung. Der Bahnhof Kinding wurde daher um drei Gleise erweitert. Vor den Güterzügen bewährten sich die Baureihen 54^{15} und 57^{10}.

Bei Kriegsausbruch mussten die Triebwagen zur Treibstoffersparnis für die Wehrmacht abgestellt werden. Die 70^{0} pendelte nun mit zwei Personen- und einem Gepäckwagen auf der Stammstrecke. Die Zahl der Züge ging während des Krieges auf elf Paare zurück und erreichte 1945/46 mit sechs Paaren einen Tiefststand. Auf der Talstrecke behielt man vier Paare bei. Im Personen- und Güterverkehr liefen die Baureihen 54^{15}, 64, 70^{0}, 86 und 98^{8}.

Im Bahnhof Kipfenberg beschossen feindliche Jagdflugzeuge im März und April 1945 abgestellte Dampflokomotiven. Die Bombardierung des Bahnhofsgeländes von Eichstätt Stadt am 18. April 1945 führte zur Unterbrechung des Zugverkehrs auf der Altmühltalbahn. Die Sprengung von Eisenbahnbrücken vor dem Eintreffen der Amerikaner hatte die Einstellung des gesamten Eisenbahnverkehrs zur Folge.

Nach Kriegsende ging man an die Wiederherstellung der Brücken und des beschädigten Gleisnetzes im Eichstätter Stadtbahnhof. Im Herbst wurde der Zugverkehr wieder aufgenommen. Auf der Talstrecke verkehrten vier Personenzugpaare und ein Güterzug. Die Zahl der Pendelzüge richtete sich nach der Zahl der Hauptbahnzüge und lag 1947 bei acht Paaren.

Ab Januar 1946 liefen im Altmühltal die 93 1108 und 1109, bevor sie ein Jahr später an die Rbd Frankfurt (Main) abgegeben wurden. Hier fährt ein überfüllter Personenzug aus dem Stadtbahnhof aus. Auf dem Gütergleis links sind die 93 549, 742 und 904 kalt abgestellt.

Der Lokomotiveinsatz bot ein buntes Bild an fahrfähig gebliebenen Lokomotiven. So liefen 1946 die 93 1108 und 1109 (preuß. T 14[1]) bis Beilngries. 1947 wurden sie mit den abgestellten 93 549, 742 und 904 an die RBD Frankfurt/Main abgegeben. Ersatz kam in Form der Baureihe 86, die neben der 54[15] auch im Güterzugdienst einsetzbar war. Den Rangierdienst versah eine 89[8] (bay. R 3/3), kurzzeitig auch die V 36 252. Der Pendelverkehr wurde ab Februar 1946 mit den Einheits-Nebenbahntriebwagen CvT 135 068 und 075 (DB: VT 70 918 und 923) und Beiwagen VB 140 bewältigt. 1949 folgte CvT 135 043 (DB: VT 70 981). Die Triebwagen erreichten Beilngries, Neumarkt, Dietfurt und sogar Rennertshofen.

Die Deutsche Bundesbahn bemühte sich, den Zugverkehr im Tal attraktiver zu gestalten. Im Winter 1949/50 verkehrten fünf Zugpaare bis Beilngries, ein weiteres bis Kipfenberg bzw. Kinding. Das Maximum wurde ab Sommer 1951 mit täglich sieben Paaren von 6 bis 24 Uhr erreicht. Neben Verbindungen bis/ab Neumarkt verkehrte nachmittags ein Zug von Dietfurt nach Eichstätt Bahnhof.

Bis zur Aufnahme des elektrischen Zugbetriebs zwischen München und Ingolstadt (Sommer 1960) fuhr in den 1950er-Jahren ein von den Eichstättern „Theaterzug" genannter Schnelltriebwagen von München nach Eichstätt Stadt. Das Bw München Hbf setzte dafür die VT 32 002 (ex VT 39 000), 005, 007 oder 010 mit Steuerwagen ein. Bei Triebwagenausfall versah eine 78[0] mit Wagenzug diesen Dienst.

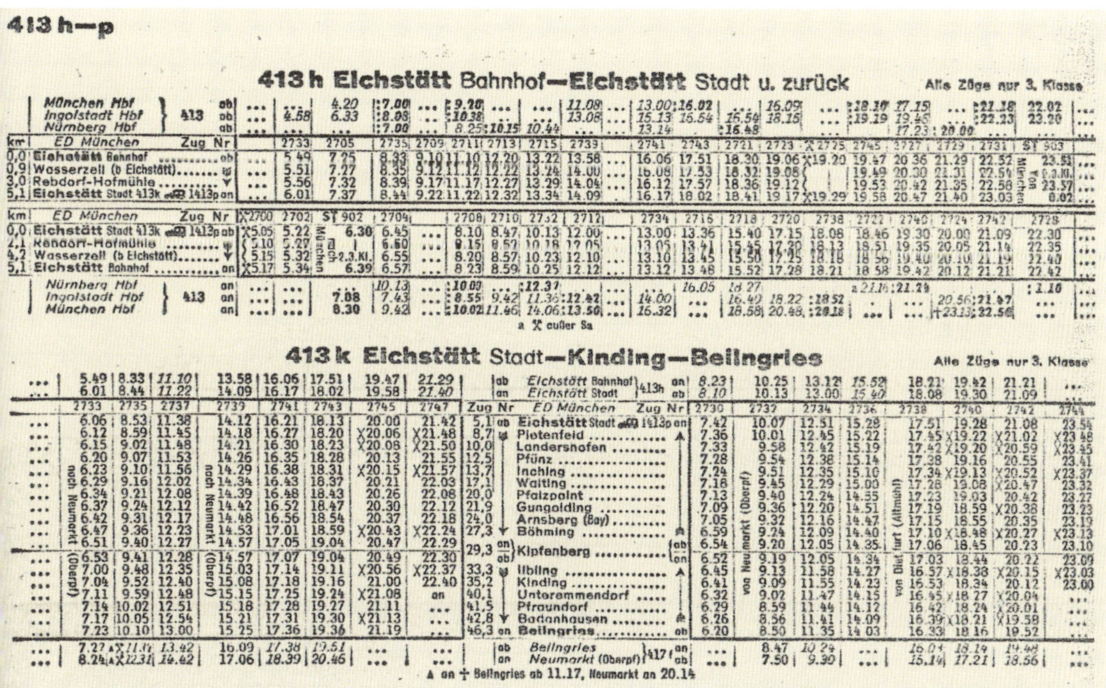

413 h—p

413 h Eichstätt Bahnhof—Eichstätt Stadt u. zurück — Alle Züge nur 3. Klasse

km	ED München Zug Nr			2733	2705	2735	2709	2711	2713	2715	2739		2741	2743	2721	2723	✕2725	2745	2727	2729	2731	ST 903	
	München Hbf (413)	ab	...	...	4.20	7.00	...	9.20	...	...	11.08	...	13.00	16.02	...	16.09	...	18.10	17.15	...	21.18	22.02	...
	Ingolstadt Hbf (413)	ab	...	4.58	6.33	8.08	...	10.38	...	...	13.08	...	15.13	15.54	16.54	18.15	...	19.19	19.46	...	22.23	23.20	...
	Nürnberg Hbf (413)	ab	...	...	...	7.00	...	8.25	10.15	10.44	...	...	13.14	.	16.48		...		17.23	20.00	...	...	...
0,0	Eichstätt Bahnhof	ab	...	5.49	7.25	8.33	9.10	11.10	12.20	13.22	13.58	...	16.06	17.51	18.30	19.06	✕19.20	19.47	20.36	21.29	22.52	von München 23.51	...
0,9	Wasserzell (b Eichstätt)		...	5.51	7.27	8.35	9.12	11.12	12.22	13.24	14.00	...	16.08	17.53	18.32	19.08	(	19.49	20.38	21.31	22.54	2.3.Kl.	...
3,0	Rebdorf-Hofmühle		...	5.56	7.32	8.39	9.17	11.17	12.27	13.29	14.04	...	16.12	17.57	18.36	19.12	(	19.53	20.42	21.35	22.58	23.57	...
5,1	Eichstätt Stadt 413k 1413p	an	...	6.01	7.37	8.44	9.22	11.22	12.32	13.34	14.09	.	16.17	18.02	18.41	19.17	✕19.29	19.58	20.47	21.40	23.03	0.02	...

km	ED München Zug Nr		✕2700	2702	ST 902	2704		2708	2710	2732	2712		2734	2716	2718	2720	2738	2722	2740	2724	2742	2728	
0,0	Eichstätt Stadt 413k 1413p	ab	✕5.05	5.22	nach München 6.30	6.45	...	8.10	8.47	10.13	12.00	...	13.00	13.36	15.40	17.15	18.08	18.46	19.30	20.00	21.09	22.30	...
2,1	Rebdorf-Hofmühle		5.10	5.27	|	6.50	...	8.15	8.52	10.18	12.05		13.05	13.41	15.45	17.20	18.13	18.51	19.35	20.05	21.14	22.35	...
4,2	Wasserzell (b Eichstätt)		5.15	5.32	2.3.Kl.	6.55	...	8.20	8.57	10.23	12.10	...	13.10	13.45	15.50	17.25	18.18	18.56	19.40	20.10	21.19	22.40	...
5,1	Eichstätt Bahnhof	an	✕5.17	5.34	6.39	6.57	...	8.23	8.59	10.25	12.12	...	13.12	13.48	15.52	17.28	18.21	18.58	19.42	20.12	21.21	22.42	...
	Nürnberg Hbf (413)	an	...	...	...	10.13	...	10.09	...	12.31		...	...	16.05	18.27			a21.16	21.24			1.10	...
	Ingolstadt Hbf (413)	an	...	...	7.08	7.43	...	8.55	9.42	11.36	12.42	...	14.00	...	16.40	18.22	18.52	.	...	20.56	21.47	...	...
	München Hbf (413)	an	...	...	8.30	9.42	...	10.02	11.46	14.06	13.50	...	16.32	...	18.58	20.48	20.18	...	...	+23.13	22.56	...	...

a ✕ außer Sa

413 k Eichstätt Stadt—Kinding—Beilngries — Alle Züge nur 3. Klasse

	2733	2735	2737	2739	2741	2743	2745	2747	km		ED München Zug Nr		2730	2732	2734	2736	2738	2740	2742	2744
...	5.49	8.33	11.10	13.58	16.06	17.51	19.47	21.29		ab	Eichstätt Bahnhof (413h)	an	8.23	10.25	13.12	15.52	18.21	19.42	21.21	...
...	6.01	8.44	11.22	14.09	16.17	18.02	19.58	21.40		an	Eichstätt Stadt (413h)	ab	8.10	10.13	13.00	15.40	18.08	19.30	21.09	...
...	nach Neumarkt (Oberpf) 6.06	8.53	11.38	nach Neumarkt (Oberpf) 14.12	16.21	18.13	20.00	21.42	5,1	ab	Eichstätt Stadt 1413p	an	7.42	von Neumarkt (Oberpf) 10.07	12.51	15.28	von Dietfurt (Altmühl) 17.51	19.28	21.08	23.54
...	6.12	8.59	11.45	14.18	16.27	18.20	✕20.06	✕21.48	8,7		Pietenfeld		7.36	10.01	12.45	15.22	17.45	✕19.22	✕21.02	✕23.48
...	6.15	9.02	11.48	14.21	16.30	18.23	✕20.08	✕21.50	10,0		Landershofen		7.33	9.58	12.42	15.19	17.42	✕19.20	✕20.59	✕23.45
...	6.20	9.07	11.53	14.26	16.35	18.28	20.13	21.55	12,5		Pfünz		7.28	9.54	12.38	15.14	17.38	19.16	20.55	23.41
...	6.23	9.10	11.56	14.29	16.38	18.31	✕20.15	✕21.57	13,7		Inching		7.24	9.51	12.35	15.10	17.34	✕19.13	✕20.52	✕23.37
...	6.29	9.16	12.02	14.34	16.43	18.37	20.21	22.03	17,1		Walting		7.18	9.45	12.29	15.00	17.28	19.08	✕20.47	23.32
...	6.34	9.21	12.08	14.39	16.48	18.43	20.26	22.08	20,0		Pfalzpaint		7.13	9.40	12.24	14.55	17.23	19.03	20.42	23.27
...	6.37	9.24	12.12	14.42	16.52	18.47	20.30	22.12	21,9		Gungolding		7.09	9.36	12.20	14.51	17.19	18.59	✕20.38	23.23
...	6.42	9.31	12.17	14.48	16.56	18.54	20.37	22.18	24,0		Arnsberg (Bay)		7.05	9.32	12.16	14.47	17.15	18.55	20.35	23.19
...	6.47	9.36	12.23	14.53	17.01	18.59	✕20.43	✕22.24	27,3		Böhming		6.59	9.24	12.09	14.40	17.10	✕18.48	✕20.27	✕23.13
...	6.51	9.40	12.27	14.57	17.05	19.04	20.47	22.29	29,3	an	Kipfenberg	ab	6.54	9.20	12.05	14.35	17.06	18.45	20.23	23.10
...	6.53	9.41	12.28	14.57	17.07	19.04	20.49	22.30		ab	Kipfenberg	an	6.52	9.19	12.05	14.34	17.03	18.44	20.22	23.09
...	7.00	9.48	12.35	15.03	17.14	19.11	✕20.56	✕22.37	33,3		Ilbling		6.45	9.13	11.58	14.27	16.57	✕18.38	✕20.15	✕23.03
...	7.04	9.52	12.40	15.08	17.18	19.16	21.00	22.40	35,2		Kinding		6.41	9.09	11.55	14.23	16.53	18.34	20.12	23.00
...	7.11	9.59	12.48	15.15	17.25	19.24	✕21.08	an	40,1		Unteremmendorf		6.32	9.02	11.47	14.15	16.45	✕18.27	✕20.04	...
...	7.14	10.02	12.51	15.18	17.28	19.27	21.11	...	41,5		Pfraundorf		6.29	8.59	11.44	14.12	16.42	18.24	✕20.01	...
...	7.17	10.05	12.54	15.21	17.31	19.30	✕21.13	...	42,8		Bodenhausen		6.26	8.56	11.41	14.09	16.39	✕18.21	✕19.58	...
...	7.23	10.10	13.00	15.25	17.36	19.36	21.19	...	46,3	an	Beilngries	ab	6.20	8.50	11.35	14.03	16.33	18.16	19.52	...
...	7.27	▲✕11.16	13.42	16.09	17.38	19.51	...	...		ab	Beilngries (417f)	an	...	8.47	10.24	...	16.04	18.19	19.48	...
...	8.24	▲✕12.31	14.42	17.06	18.39	20.46	...	...		an	Neumarkt (Oberpf) (417f)	ab	...	7.50	9.30	...	15.14	17.21	18.56	...

▲ an ✝ Beilngries ab 11.17, Neumarkt an 20.14

Das umfangreichste Zugangebot auf der Talstrecke nach Kinding und Beilngries mit zwei Durchläufen bis/ab Neumarkt boten der abgebildete Sommerfahrplan 1951 und der im Winter 1951/52. Auf der Stammstrecke kam der „Theaterzug" aus München in den Stadtbahnhof.

Im Winter 1952/53 wurde die Baureihe 86 durch die 98 1801 und 1802 (ex LAG 87 und 88) ersetzt. Zwei Jahre lang war immer eine von beiden im Altmühltal im Einsatz. Die Baureihe 64 löste dann im Winter 1954/55 die 70^{0} und die 98^{18} ab. Im Güterverkehr beschränkte sich der Einsatz der Baureihen 50, 54^{15} und 57^{10} auf die Stammstrecke. Die VT 70^{9} und VB 140 übernahmen ab Sommer 1955 den Personenverkehr zwischen Eichstätt Stadt und Kipfenberg. Lediglich der Schülerzug verblieb für die Dampflok.

Wenngleich die Zahl der Sonderzüge nicht mehr die Höhe der Vorkriegszeit erreichte, war Eichstätt noch immer ein Reiseziel. Zum Einsatz kamen die Baureihen 38^{10}, 50, 64, 78^{0}, V 200^{0} sowie gelegentlich der Aussichtstriebwagen VT 90 501.

Die Erwartungen der DB, durch das ab 1950 vermehrte Zugangebot auf der Talstrecke einen Verkehrsaufschwung zu erzielen, wurden nicht erfüllt. Beginnende Motorisierung und die Konkurrenz privater Busunternehmen bei Ausflugsfahrten ins Altmühltal ließen die Bahn ins Abseits geraten. Unattraktiv waren nicht nur die Wagen mit ihren Holzbänken, sondern auch die langen Reisezeiten aufgrund der unbeschrankten und unfallträchtigen Bahnübergänge. Als Konsequenz richtete die Bahn Langsamfahrstellen (LA) an den besonders gefährlichen Übergängen ein; weitere LA verursachte der 20 Jahre alte und erneuerungsbedürftige Oberbau.

Im Sommer 1953 fotografierte Carl Bellingrodt in Eichstätt. Am 17. Juli verlässt die 70 003 mit dem aus bayerischen Lokalbahnwagen gebildeten P 2706 den Stadtbahnhof in Richtung Eichstätt Bahnhof. Der zweite Wagen, ein CL Bay06b, erinnert an die 1908 für die Schmalspurbahn beschafften CL.

Am selben Tag fährt der VT 70 981 mit dem jetzt ebenfalls rot lackierten VB 140 255 am Normalspurlokschuppen von 1934 vorbei in den Eichstätter Stadtbahnhof ein.

Vor dem Bahnhofsgebäude, angelehnt an den Stil der Eichstätter Barockbauten, entstand am 19. Juli 1953 das Bild der auf der Altmühltalbahn eingesetzten 98 1801 (ex LAG 87) und 70 089 (bay. Pt 2/3). Wer mit dem Zug verreisen wollte, musste zuvor an der Bahnsteigsperre seine Fahrkarte vorweisen.

Am selben Tag wurde die 98 1801 für den Güterzugeinsatz vorbereitet. Eine wenig bekannte Aufnahme Bellingrodts zeigt die Bekohlung der Maschine. Bei der Bombardierung des Stadtbahnhofs im April 1945 wurde das hölzerne Bekohlungsgerüst von 1934 zerstört und an dessen Stelle dieser Neubau errichtet.

Von Oktober 1952 bis Mai 1954 setzte das Bw Ingolstadt die Baureihe 98^{18} (ex LAG) auf der Altmühltalbahn ein. Am 19. Juli 1953 hat die 98 1801 den Güterzug zusammengestellt und wartet im Stadtbahnhof auf die Abfahrt hinauf zum Außenbahnhof.

Rückzug von der Schiene

Ab Arnsberg hatte sich die Bahn inzwischen mit der Jurabus-Linie Ingolstadt–Kipfenberg–Greding/Beilngries eine hauseigene Konkurrenz geschaffen. Die Busfahrt von Ingolstadt nach Kipfenberg war 25 Kilometer kürzer und zudem billiger als die Zugfahrt. Kipfenberg und Hinterland, zuvor nach Eichstätt ausgerichtet, tendierten in den 1950er-Jahren zunehmend nach Ingolstadt, wo sich mehr Arbeitsplätze und vielfältigere Einkaufsmöglichkeiten als in Eichstätt und Beilngries boten. Der Bahn blieb ein bescheidener Arbeiter- und Schülerverkehr. Kipfenberg–Beilngries blutete ganz aus. Ab Sommer 1954 ersetzten Bahnbusse einzelne Züge zwischen Eichstätt und Beilngries.

Im Güterverkehr sah die Lage vor allem zwischen Kinding und Beilngries nicht besser aus. Interessant ist ein von der BD München im Stilllegungsverfahren dargestellter Vergleich der abgefertigten Güter:

1) Eichstätt Bf–Kinding (35,26 km):
   46.665 t im Jahr 1899 (1.323 t/km Betriebslänge)
   18.700 t im Jahr 1958 (530 t/km)
   9.565 t im Jahr 1969 (385 t/km)
2) Eichstätt Bf–Beilngries (46,34 km):
   118.500 t im Jahr 1936 (2.557 t/km)
   51.126 t im Jahr 1953 (1.103 t/km)

Die Schmalspurbahn war bei billigerer Betriebsweise ein Jahr nach ihrer Eröffnung verkehrsintensiver als die Normalspurbahn nach 1950.

Sehr selten sind Betriebsaufnahmen von der Strecke Kinding–Beilngries. Anders als in den Jahren des Autobahnbaus (1936 bis 1939) gibt es im Sommer 1955 wenig Fracht. Die im Normalspurbahnhof Kinding aufgenommene 64 345 bringt nur den Stückgutwagen von Beilngries nach Eichstätt.

Im Sommer 1955 verkehrten letztmals Personenzüge auf der Gesamtstrecke Eichstätt Stadt–Beilngries, davon zwei Zugpaare an allen Tagen. Die übrigen Verbindungen bestanden entweder werktags oder sonntags. Häufig musste in Kipfenberg auf Bus bzw. Zug umgestiegen werden. Dem Lokbahnhof Eichstätt standen bis 1962 zwei Triebwagengarnituren und eine Dampflok der Baureihe 64 zur Verfügung. Letztere legte im werktäglichen Umlauf im Güter- und Personenverkehr 345 km/Tag zurück.

Am 2. Oktober 1955 endete der Personenverkehr Kipfenberg–Beilngries. Als Ersatz verkehrten sechs Bahnbuskurse und vier weitere ab/bis Ingolstadt. Die BD München gab an, die Strecke habe aus „technischen Gründen" gesperrt werden müssen. Der Oberbau und die Schwarzachbrücken bei Kinding waren seit 1929/30 nicht mehr saniert worden. Im Direktionsbezirk zählte der Abschnitt zu einer der unwirtschaftlichsten Strecken (Verhältnis Einnahmen/Ausgaben 1:12). Eingestellt wurde aus „technischen Gründen" zwischen Kinding und Pfraundorf auch der Stück- und Expressgutdienst. Der Wagenladungsverkehr war hier gleich Null, was praktisch die Einstellung des Gesamtverkehrs zwischen Kinding und Pfraundorf bedeutete. Interessanterweise nennen die DB-Statistiken für die Gesamtstrecke Kinding–Beilngries den 2. Oktober 1955 als Stilllegungstermin, obwohl Pfraundorf–Beilngries noch betrieben und die Stilllegung erst am 22. Januar 1960 vom Bundesverkehrsminister genehmigt wurde.

Im neuen Bahnhof Beilngries wartet die 64 340 des Bw Ingolstadt mit dem Zug P 2736 nach Eichstätt auf Abfahrt. Am 2. Oktober 1955 endete der Personenverkehr zwischen Beilngries und Kipfenberg.

Im Frühjahr 1956 stellte die BD München ihre weiteren Pläne vor: Bahnbusverkehr Kipfenberg–Beilngries, Stilllegung Kinding–Pfraundorf, Weiterbetrieb Pfraundorf–Beilngries. Die Sanierung der 41 Kilometer langen Strecke Eichstätt Stadt–Beilngries (Kosten: 4,25 Mio. DM) kam wegen der geringen Einnahmen nicht in Frage. Am 18. September 1957 stellte die Direktion den Stilllegungsantrag. Der Bundesverkehrsminister genehmigte am 22. Januar 1960 die Einstellung des Gesamtbetriebs Kinding–Beilngries zum 29. Mai 1960. Den im Tal ansässigen Betrieben räumte die DB bis 1973 Sondertarife im Güterverkehr ein. Noch 1960 wurden zwischen Kinding und Beilngries die Gleise demontiert, die parallele Talstraße ausgebaut.

Zwischen Eichstätt Stadt und Kipfenberg sah die Lage kaum besser aus: 1956 wurden im täglichen Durchschnitt 114 Schüler und 52 Arbeiter befördert, im Güterverkehr 62,4 Tonnen transportiert. Einnahmen von 174.642 DM standen Ausgaben von 510.052 DM gegenüber.

Wegen morscher Holzschwellen musste ab 30. September 1956 von Walting bis Böhming eine Langsamfahrstelle von 20 km/h eingerichtet werden. Ab/bis Kipfenberg verlängerte sich die Fahrzeit um 15 Minuten. In Eichstätt Bahnhof gingen Anschlüsse verloren. Um die längeren Umlaufzeiten der Triebwagen ausgleichen zu können, entfiel nachmittags ein Zugpaar nach Kipfenberg. Erst um 18.05 Uhr fuhr ein Dampfzug ins Tal. Nach Auswechseln der morschen Schwellen im Frühjahr 1957 wurden 30 km/h erlaubt.

Am 25. Mai 1960 fährt die 64 110 des Bw Ingolstadt mit dem vormittäglichen Güterzug, der an diesem Tag nur aus dem Stückgutwagen besteht, durch den Bahnhof Arnsberg. Die Nebengleise sind bereits von Gras überwuchert.

Blick auf die Altmühl, das Dorf Arnsberg und die Burg. Wenige Tage vor Ende des Personenverkehrs zwischen Kipfenberg und Eichstätt Stadt am 28. Mai 1960 fotografiert Carl Bellingrodt gerade den Einheits-Nebenbahntriebwagen VT 70 923 mit VB 140 auf der Fahrt nach Kipfenberg.

Nach Umfahren des Beiwagens im Bahnhof Kipfenberg fährt der VT 70 923 zurück nach Eichstätt Stadt. Gleich ist am 25. Mai 1960 der Bahnhof Arnsberg erreicht. Kennzeichnend für das Altmühltal sind die steil aufragenden Jurafelsen sowie kahle Hänge mit Trockenrasen und Wacholderbüschen.

Aufgrund neuer gesetzlicher Bestimmungen erhielt der Bahnübergang an der Eichstätter Spitalkreuzung 1958 die seit 1902 geforderte Schrankenanlage. Blinklichtanlagen wurden an der Schlagbrücke, an der Kreuzung von B 13 und Bahnlinie sowie an sechs Bahnübergängen der Talstrecke eingebaut. 1959 waren die Maßnahmen beendet – ein Jahr später endete der Personenverkehr nach Kipfenberg.

Das Stilllegungsverfahren für Eichstätt Stadt–Kinding leitete die BD München im Januar 1959 ein. Am 22. Januar 1960 stimmte der Bundesverkehrsminister der Einstellung des Personenverkehrs nach Kipfenberg zu. So konnten rund 316.000 DM jährlich für den Betrieb und einmalig 2,4 Mio. DM für die Oberbausanierung eingespart werden. Der Güterverkehr sollte vorerst bis Kinding erhalten bleiben.

Im Winter 1959/60 verkehrten nach Kipfenberg täglich fünf Triebwagenpaare, dazu werktags um 16.21 Uhr ein Schülerzug. Die Fahrzeit betrug durchschnittlich 45 Minuten. Auf der Stammstrecke pendelten 16 Zugpaare. Die Eichstätter 64er versah den Güterverkehr, zog aber morgens und nachmittags Personenzüge zwischen Bahnhof und Stadt. Wegen des starken Aufkommens im Schüler- bzw. Berufsverkehr reichte hier das Platzangebot von Trieb- und Beiwagen nicht aus. Nachmittags fuhr die Lok mit einem Personenzug nach Kipfenberg, zurück mit dem Güterzug. Kinding wurde bei Bedarf mit dem Vormittagsgüterzug bedient. Sonntags kam die Lok nicht zum Einsatz.

Am 28. Mai 1960 verabschiedete die Kipfenberger Bevölkerung den mit Blumen geschmückten letzten Triebwagen nach Eichstätt. Nach 62 Jahren endete damit auf der Talstrecke der Personenverkehr.

In Böhming wehten am Abschiedstag die Fahnen auf dem Bahnsteig der Haltestelle auf halbmast. Am Abend wurde von den Dorfbewohnern der letzte Triebwagen nach Eichstätt mit gefüllten Bierflaschen gestoppt. Die Schulkinder – von Oberlehrer Anton Gäck auf der Geige begleitet – sangen „Muss i denn zum Städtele hinaus".

Dreizehn Jahre später fand am 2. Juni 1973 die letzte Fahrt eines Güterzugs von Eichstätt Stadt nach Kipfenberg statt. Für die Prominenz aus Stadt und Landkreis Eichstätt führte die 332 197 einen Schienenbusbeiwagen mit. Aufnahme des Zuges bei der Rückfahrt nach Eichstätt in Böhming.

Am Samstag, den 28. Mai 1960, endete nach 62 Jahren der Personenverkehr auf der Talstrecke. In Böhming wehten die Fahnen auf dem Bahnsteig der Haltestelle auf halbmast. Am Abend fanden sich zahlreiche Dorfbewohner zur Verabschiedung des letzten Triebwagens nach Eichstätt ein. Mit gefüllten Bierflaschen auf den Schienen, einem Geschenk für das letzte Fahrpersonal, wurde der geschmückte Wagen von Kipfenberg her kommend gestoppt. Unter den Klängen des Liedes „Muss i denn zum Städtele hinaus“, gesungen von den Schulkindern, setzte er sich langsam wieder in Bewegung.

Ab Sonntag, den 29. Mai, verkehrten Bahnbusse, Fahrzeit Eichstätt–Beilngries 80 Minuten. Im Schülerverkehr erfolgte die Ablösung von Trieb- und Beiwagen durch drei Bahnbusse. Der Güterzug fuhr werktags bis Kipfenberg, bei Bedarf bis Kinding. Bis Frühjahr 1962 versah die 64er diesen Dienst. Nach Abzug der Dampflok erhielt Eichstätt eine zweite Kleinlok.

Ab 1960 ging der Güterverkehr weiter zurück. Aufgrund des jährlichen Defizits von 583.000 DM erwog die BD München 1966 erstmals dessen Einstellung. Der Landkreis forderte die Bahn auf, die Strecke als Lebensader für das Tal zumindest bis Kipfenberg als Anschlussgleis weiter zu betreiben.

Im Januar 1967 sicherte die Direktion die Aufrechterhaltung des Güterverkehrs für weitere vier Jahre zu, beantragte gleichzeitig aber am 9. März die Stilllegung Eichstätt Stadt–Kinding. Der Bundesverkehrsminister genehmigte den Antrag am 25. November 1968 mit der Auflage, den Güterzugbetrieb bis 31. Dezember 1970 weiterzuführen und für die Zeit bis 1973 eine Wirtschaftlichkeitsberechnung zu erstellen. Danach sollte der Betrieb bis Kipfenberg bis 1973 fortgeführt, das Reststück bis Kinding wegen des schlechten Oberzustands vorzeitig eingestellt werden. Das Ende für Kinding kam am 1. Oktober 1970.

Für die verbliebene Strecke ergab eine Untersuchung des Oberbauzustands die Unmöglichkeit „erfolgswirksamer Unterhaltungsarbeiten“ ohne Gleisauswechslung (Kostenpunkt inzwischen 3,5 Mio. DM). Die Forderungen von Landkreis und Stadt Eichstätt nach Umschlags- und Ersatzverkehrseinrichtungen wie z.B. Culemeyertransport oder Containerterminal in Eichstätt Stadt lehnte die Bahn ab. Bis zur Entscheidung über die Errichtung eines Industriestammgleises sollte das Streckenstück bis km 8,748 vorerst nicht zurückgebaut werden.

Am 2. Juni 1973 verkehrte auf der Talstrecke letztmals der von der Eichstätter Kleinlok 332 197 gezogene Güterzug. Für die Prominenz aus Stadt und Landkreis Eichstätt wurde ein Schienenbusbeiwagen mitgeführt und das Ereignis zur Erinnerung im Film festgehalten.

Im August 1973 demontierte ein Abbauzug die Strecke zwischen Kipfenberg und Pietenfeld. Etwa 500 Meter Gleis wurden täglich abgebaut. Zwei Loks der Baureihe 211 (V 100) wurden eingesetzt. Am früheren Haltepunkt Pietenfeld endeten die Arbeiten, der Gleisstumpf wurde mit einem Prellbock verschlossen. Bis Ende 1980 diente das Reststück zum Abstellen nicht benötigter oder zur Verschrottung vorgesehener Güterwagen. Bei Bedarf erfolgte noch die Bedienung eines Anschlusses am Eichstätter Industriegebiet.

Mit dem Bau des Eichstätter Schulzentrums im Osten der Stadt verbanden sich Pläne, das Streckenstück für den Schülerverkehr zu reaktivieren. Etwa bei der Aumühle sollte hierfür ein Haltepunkt eingerichtet werden, den die Triebwagen an Schultagen bedient hätten. Das Vorhaben scheiterte aus betrieblichen und finanziellen Gründen.

Am 20. April 1968 führte der von der Eichstätter Kleinlok 332 197 gezogene Güterzug nach Kinding auch einen Sonderwagen der Nürnberger Eisenbahnfreunde mit. Für die Rückfahrt nach Eichstätt setzte sich die Köf III im ehemaligen Schmalspurbahnhof vor den Eilzugwagen.

In Kipfenberg bestand für die Teilnehmer der Fahrt Gelegenheit, den Zug auf der 1930 erbauten normalspurigen Altmühlbrücke zu fotografieren. Der Güterverkehr zwischen Kipfenberg und Kinding wurde am 1. Oktober 1970 eingestellt. Heute dient die Brücke dem Altmühltal-Radweg.

Vom Schienenbus zum VT 628

Mit der Ausmusterung der VT 70 943 (15. Juli 1961) und 981 (30. März 1962) endete der Einsatz von Vorkriegsfahrzeugen im Altmühltal. Als Reserve für Verkehrsspitzen war bis Frühjahr 1962 noch eine 64er vorhanden. Seit Anfang 1962 verkehrten die einmotorigen Schienenbusse VT 95 (795) mit Beiwagen VB 140 (995), ab 1966 die zweimotorigen VT 98 (798) mit Bei- und Steuerwagen VB/VS 98 (998). Die roten Fahrzeuge sollten 20 Jahre lang das Bild auf der Stammstrecke bestimmen. Neben Durchläufen bis/ab Ingolstadt Hbf verkehrte bis 1981 eine dreiteilige Garnitur am Morgen zwischen Dollnstein und Eichstätt Stadt im Schülerverkehr; ab Eichstätt Bahnhof um einen Zweiteiler ergänzt.

Mit dem Sommerfahrplan 1962 endete der Dampflokeinsatz. Die Behandlungsanlagen wurden zurückgebaut, ein Lokschuppengleis entfernt. Das freie Hallenteil diente als Werkstatt und Busgarage. Nach Umbau der Gleisanlagen benutzten die Triebwagen Gleis 2. Gleis 1 diente bis 1973 dem Verkehr ins Tal, Gleis 3 zur Einfahrt in den Lokschuppen. Der VT-98-Einsatz ermöglichte 1966 den Ausbau von Gleis 3. Die Zufahrt zum Lokschuppen erfolgte vom Streckengleis aus. Zum Abstellen von VB und VS blieb bis 1983 ein Stumpfgleis erhalten. Die Zahl der Ladegleise im Güterbahnhof Eichstätt Stadt blieb unverändert.

Letztmals kam am 5. August 1963 eine Dampflokomotive nach Eichstätt. Für den Spielfilm „Ein Haus in Montevideo" mit Heinz Rühmann und Ruth Leuwerik in den Hauptrollen drehte man im Stadtbahnhof die Bahnhofsszenen mit der 98 834 des Bw Schwandorf.

Für den Schülerverkehr benötigte man in Eichstätt eine dreiteilige Schienenbusgarnitur aus Motor-, Bei- und Steuerwagen. Am 20. Mai 1983 fährt der Dreiteiler 798 784, 998 078 und 998 636 am Eichstätter Lokschuppen vorbei in den Stadtbahnhof ein, wo der Mittelwagen auf dem Stumpfgleis abgestellt wird.

Am frühen Nachmittag reichten Trieb- und Steuerwagen für die Pendelzüge aus. 798 784 und 998 636 warten am selben Tag auf den nur freitags verkehrenden, mit der 111 051 bespannten Anschlusszug E 3274 München–Treuchtlingen.

Zwischen Wasserzell und Rebdorf-Hofmühle fahren 798 784 und 998 636 am 20. Mai 1983 vom Bahnhof zurück nach Eichstätt. Eine Woche später endete der Schienenbuseinsatz auf der Altmühltalbahn.

Am Abend verkehrten die Schienenbusse ohne Steuerwagen. Die 118 012 bringt am 20. Mai 1983 Anschlussreisende aus Ingolstadt. Der 798 784 stellt die Verbindung zur Stadt her. Die hölzernen Bahnsteigüberdachungen von 1932 wurden 2022/2023 durch „pflegeleichte“ Nachfolger aus Stahl und Plexiglas ersetzt.

Durch Einführung des Vereinfachten Nebenbahndienstes konnten nach 1960 die Ausgaben weiter gesenkt werden. Mit Ausnahme der Einfahrt Eichstätt Bahnhof wurden alle Signalanlagen abgebaut, im Stadtbahnhof das Stellwerk stillgelegt. Trapeztafeln sicherten die Einfahrt.

Ab 1980 wurden die Eichstätter Bahnhofsgebäude renoviert, die Innenräume kundenfreundlich gestaltet, die Bahnsteigsperren entfernt, die Bahnhofsgaststätten geschlossen. Da die DB weiterhin mit einem regen Sonderzugverkehr rechnete und die Zuglängen in den letzten Jahren spürbar zugenommen hatten, wurde der Bahnsteig zwischen Gleis 1 und 2 bis in Höhe des Lokschuppens verlängert, mit Randsteinen versehen und mit Verbundpflastersteinen belegt.

Sonderzüge fuhren meist auf Gleis 2 ein, die Zuglok konnte über Gleis 1 umsetzen. Dieselloks 211/212 (V 100), 216 (V 160) und 218 (V 164) oder Triebwagen 601 (VT 11^5), 612 (VT 12^5), 614, 624 (VT 24) und 515/815 (ETA/ESA 150) kamen so in die Bischofsstadt. Eine Eichstätter Rarität: Nach Elektrifizierung der Hauptbahn fuhr der „Gläserne Zug" ET 91 01 (491 001) wiederholt den Stadtbahnhof an, auf dem stromlosen Streckenstück von einer Köf oder einem VT 98 geschleppt.

1983 stand die lang erwartete Ablösung der Schienenbusse bevor. Am 29. Mai 1983 endete mittags der Einsatz der roten Brummer. Zwei Tage später wurden die in Ingolstadt gesammelten 798 (701, 783, 784) und 998 (078, 636) zum Bw Rosenheim überführt.

Am 23. September 1984 hat die „ETA-Abschiedsfahrt" der Augsburg-Hochzoller Eisenbahnfreunde mit den Akkumulatortriebwagen 515 647, 515 644, 515 591 und der 212 129 Eichstätt Stadt erreicht. Die Rückfahrt – u.a. mit Abstecher nach Rennertshofen – erfolgte ohne Unterstützung durch die Diesellok.

Ihren Dienst übernahmen die zweiteiligen Schienenbusnachfolger der Baureihe 628 des Bw Kempten. Die gelegentlich eingesetzten einteiligen 627 bewährten sich wegen des geringen Platzangebots nicht. Nach Aufstellen von Spiegeln zur Überwachung des Fahrgastwechsels in Wasserzell und Rebdorf-Hofmühle durch den Triebwagenführer war 1984 die Voraussetzung für den Einmannbetrieb geschaffen und mit den 628^2 (2. Serie) hielt auch die 1. Klasse Einzug auf der Altmühltalbahn.

Im Stadtbahnhof wurden nach Abzug der Schienenbusse die Gleisanlagen auf ein Mindestmaß zurückgebaut. Der Lokschuppen wurde 1994 abgerissen, auf dem von der DB verkauften Gelände eine Wohnanlage, südlich davon der Flachbau eines Supermarkts samt großem Parkplatz errichtet.

Im Frühjahr 1985 erfolgte der Abbau des noch bis Pietenfeld liegenden Kindinger Streckengleises. An der Spitalkreuzung blieben zum Umsetzen 300 Meter Gleis und die Schrankenanlage erhalten. 1988 wurde dieses Gleisstück unmittelbar vor dem Bahnübergang mittels Prellbock verschlossen, die Schrankenanlage demontiert und die Bahntrasse bis Pfünz als Rad-/Wanderweg ausgebaut.

Am 22. September 1985 feierten die Eichstätter Eisenbahner mit Fahrten des Dollnsteiner Museumszuges zwischen Bahnhof und Stadt den 100. Geburtstag der Stammstrecke. Sie blickten optimistisch in die Zukunft, war doch der Personenverkehr schon aufgrund der Schülerbeförderung gesichert.

Der 100. Geburtstag der Eichstätter Lokalbahn war am 22. September 1985 Anlass für Sonderfahrten des Dollnsteiner Museumszuges. Mit vier Personenwagen ist die Museumsbahn-Köf 323 328 auf der Fahrt zur Stadt gerade am Haltepunkt Rebdorf-Hofmühle eingetroffen.

Am 29. Mai 1983 endete mittags der Schienenbuseinsatz in Eichstätt. Die Schienenbusnachfolger des Bw Kempten pendelten künftig auf der Nebenbahn. Vorbei am Lokschuppen und dem nicht mehr benötigten Abstellgleis fährt der 628 101 (1. Serie) am 25. September 1983 in den Stadtbahnhof ein.

Die Deutsche Bundesbahn setzte auch die Vorserienfahrzeuge 628° auf der Eichstätter Nebenbahn ein. Am 25. April 1987 fährt der 628 002 zwischen dem Haltepunkt Rebdorf-Hofmühle und der Brücke über die Landstraße bei den Steghäusern (vgl. Foto S. 101) als N 5267 nach Eichstätt Bahnhof.

Auf dem Weg nach Eichstätt hat der 628 102 am 6. Oktober 1986 den Schneckenbergtunnel verlassen und fährt vor dem Haltepunkt Wasserzell über einen hohen Damm (vgl. Foto S. 101). Neben der Landstraße verlief die Trasse der Schmalspurbahn.

Am 1. Mai 1998 ist der türkis/lichtgrau lackierte 628 252 (2. Serie) in Eichstätt Stadt auf Gleis 2 angekommen. Der teilweise aus der Schmalspurzeit stammende Güterschuppen wird 2011 abgerissen, um Platz für einen barrierefreien Bahn-/Bussteig zu schaffen (vgl. Foto S. 146).

Das Sorgenkind blieb der rückläufige Güterverkehr. Nach Einstellung des Güterverkehrs nach Kipfenberg wurden die Köf III (332 197 und 200) durch eine Köf II (323) für den Rangierdienst ersetzt. Den Güterverkehr bewältigten 211/212 (V 100), 260 (V 60) oder 290 (V 90) mit einer dienstags und donnerstags verkehrenden Übergabefahrt ab/bis Ingolstadt. Das BayWa-Lagerhaus und die Steinbruchbetriebe stellten nach 1990 den Bahnversand ein, nur die Holztransporte verblieben noch auf der Schiene. Nach deren Verlagerung zum Außenbahnhof endete am 1. Januar 1996 der Güterverkehr zur Stadt. Der Güterbahnhof wurde stillgelegt.

Am 6. Oktober 1986 ist die 211 289 bei Wasserzell mit dem Güterzug nach Ingolstadt unterwegs.

Die Holzverladung findet heute in Eichstätt Bahnhof dort statt, wo sich bis 1934 die Rollbockgrube und der Umladekran der Schmalspurbahn befanden (vgl. Foto S. 84 oben).

Freie Fahrt ins 21. Jahrhundert

Seit dem 1. Januar 1996 ist der Betrieb der Altmühltalbahn von Eichstätt Bahnhof nach Eichstätt Stadt gesichert. Die Züge des Nahverkehrs fahren seit diesem Datum unter der Regie der Länder. In Bayern plant, finanziert und kontrolliert die Bayerische Eisenbahngesellschaft (BEG) im Auftrag des Freistaats den Schienenpersonennahverkehr (SPNV). Die Gelder erhält Bayern vom Bund.

Der erste bayernweite Verkehrsdurchführungsvertrag (VDV) wurde 1996 zwischen der BEG und DB Regio geschlossen. Vom 2. Juni 1996 bis 12. Dezember 2009 betrieb DB Regio die Eichstätter Nebenbahn mit Dieseltriebwagen der Baureihe 642 (Siemens Desiro Classic).

Seit 13. Dezember 2009 ist die Bayerische Regiobahn (BRB) mit Alstom Coradia LINT 41 (Baureihe 648) Betreiber der Strecke. Der aktuelle VDV „Augsburger Netze 2" für das BRB-Netz Ammersee-Altmühltal läuft bis 13. Dezember 2031.

Auf der Verbindungsbahn verkehren die Triebwagen der BRB im Stundentakt, Fahrzeit 9 Minuten. In Eichstätt Bahnhof besteht zur vollen Stunde Anschluss in/aus Richtung Ingolstadt und Treuchtlingen. Werktags fahren am Morgen und am Nachmittag Triebwagen zwischen Eichstätt Stadt und Ingolstadt Hbf, Fahrzeit 35 Minuten.

Nach Einstellung des Güterverkehrs im Stadtbahnhof wurde die als Nebenbahn eingestufte Strecke 5323 im Juni 1996 sicherungstechnisch mit dem Stichstreckenblock ausgerüstet. Sobald ein Zug in Eichstätt Bahnhof in die Strecke einfährt, ist diese signaltechnisch so lange belegt, bis er aus Eichstätt Stadt zurückgekehrt ist. Die Betriebsstelle Eichstätt Stadt ist als Haltepunkt definiert.

Im Jahr 2002 fand eine komplette Oberbauerneuerung statt. Seit 2015 enden die Züge in Eichstätt Stadt an einem barrierefreien Bahn-/Bussteig. Im Bahnhofsgebäude finden Reisende ein Kundencenter der BRB mit Fahrkartenverkauf.

„Die ihr an die Wiedergeburt der Eisenbahn im Altmühltal glaubt – lasst alle Hoffnung fahren", schrieb Kreisheimatpfleger Anton Gäck (1902–1983) in seinem Büchlein „Die Eisenbahn im Altmühltal – sie war einmal." Er ahnte nicht, dass die Eisenbahn im 21. Jahrhundert ins Tal zurückkommen sollte, wenn auch nicht in Form der Nebenbahn.

Am 10. Dezember 2006 erhielt der Markt Kinding seinen dritten Bahnhof: Kinding (Altmühltal) an der Schnellfahrstrecke (München–)Ingolstadt–Nürnberg. Der Regionalbahnhof besitzt zwei richtungsbezogene Überholgleise mit jeweils einem Außenbahnsteig (165 Meter nutzbare Länge), einen Pendlerparkplatz und einen Bussteig. Busverbindungen bestehen in Richtung Beilngries, Greding und Eichstätt.

Der München-Nürnberg-Express verkehrt in der Regel von 5 bis 23 Uhr im Zwei-Stunden-Takt. Die Fahrzeit bis Nürnberg beträgt 29 Minuten, bis München 80 Minuten. Die 200 km/h schnellen Züge aus druckertüchtigten Fernverkehrs- und Steuerwagen und einer Lokomotive der Baureihe 101 wurden von DB Regio bis 2. Mai 2021 eingesetzt. Seither kommen 190 km/h schnelle Doppelstockgarnituren des tschechischen Herstellers Škoda mit einer Lokomotive der Baureihe 102 zum Einsatz. Der aktuelle Verkehrsvertrag zwischen BEG und DB Regio läuft bis 9. Dezember 2028.

Luftaufnahme des Eichstätter Bahnhofsgeländes vom 21. Oktober 1978: Unten rechts sind die Schrankenanlage an der Spitalkreuzung und das noch bis Pietenfeld liegende Gleis erkennbar. Im Personenbahnhof ist auf Gleis 1 ein Sonderzug eingetroffen. Gleis 2 dient dem Triebwagen vom/zum Bahnhof. Mit Ausnahme des Stumpfgleises sind alle weiteren Gleise demontiert. Eine Halle des Lokschuppens dient als Garage und Werkstatt für die Bahnbusse. Im Güterbahnhof herrscht Wochenendruhe.

Diese Luftaufnahme vom Juni 2023 zeigt die Veränderungen seit 1978: Das Streckengleis der Altmühltalbahn mit einem Triebwagen (Baureihe 648) der BRB endet am barrierefreien Bahn-/Bussteig. Weitere Gleise gibt es in Eichstätt nicht mehr. In der Grünanlage vor dem Bahnhofsgebäude markieren Bäume den Verlauf der Strecke nach Kinding. An die Altmühltalbahn erinnert der Eisenbahnpark mit der Köf II. Zur B 13 hin finden sich auf dem ehemaligen Bahngelände Wohnhäuser und ein Supermarkt mit Parkplatz. Auf dem Gelände des Güterbahnhofs entstand ab 2011 die neue Spitalstadt.

Vom 2. Juni 1996 bis 12. Dezember 2009 betrieb DB Regio im Auftrag der Bayerischen Eisenbahngesellschaft (BEG) den Regionalverkehr auf der Nebenbahn. Der 642 901 (Typ Siemens Desiro) verkehrt am 12. Mai 2006 als RB 37348 zur Stadt, die 111 023 mit einem Wendezug nach Ingolstadt Hbf.

Seit dem 13. Dezember 2009 betreibt die Bayerische Regiobahn (BRB) den Regionalverkehr auf dem Netz Ammersee-Altmühltal. Ein LINT 41 von Alstom (Baureihe 648) hat am 6. Mai 2012 Anschlussreisende zur Regionalbahn nach München mit der 111 070 gebracht.

Der barrierefreie Bahn-/Bussteig in Eichstätt Stadt wurde vom Bund und vom Freistaat Bayern gefördert. Am 11. Oktober 2015 wartet hier ein LINT 41 der BRB auf Reisende nach Eichstätt Bahnhof. Von den einst umfangreichen Eichstätter Bahnanlagen ist nur Gleis 1 für den Regionalverkehr übrig geblieben.

An die Geschichte der Eisenbahn in Eichstätt und im Altmühltal erinnert der am 15. Juli 2018 eingeweihte Eisenbahnpark am Stadtbahnhof. Neben der als 332 197 beschilderten Köf II (gestiftet vom Historischen Verein Eichstätt) sind der Kran und der Einmannbunker vom Güterbahnhof zu sehen.

Die drei Bahnhöfe des Marktes Kinding zeigt diese Luftaufnahme vom Juni 2023: Kinding (Altmühltal) an der Strecke Ingolstadt–Nürnberg, die Gebäude des Schmalspurbahnhofs (1898) und des Normalspurbahnhofs (1930). Die Umgehungsstraße (oben rechts) verläuft auf der Trasse der Strecke nach Beilngries.

Das einstige Bahnhofsgelände und die Bahnhofsgebäude befinden sich im Eigentum des Marktes Kinding. An dem aus Jurabruchsteinen gemauerten Kindinger Bahnhof von 1898 endeten bis 1930 die Schmalspurzüge. Danach fuhren hier bis 1. Oktober 1970 die Güterzüge der Normalspurbahn ab.

Mit dem München-Nürnberg-Express verfügt das Altmühltal in Kinding seit dem 10. Dezember 2006 wieder über einen Bahnanschluss. Der am 21. September 2019 von der 101 102 geschobene RE 4014 München–Nürnberg wird aus druckertüchtigten Fernverkehrs- und Steuerwagen (430 Sitzplätze) für 200 km/h gebildet.

Die von Škoda in Tschechien gebauten Nachfolgegarnituren aus einer Lokomotive der Baureihe 102 und sechs fest gekuppelten Doppelstockwagen (705 Sitzplätze) werden seit 2021 eingesetzt. Am 6. März 2021 überquert die 102 001 mit dem RE 4021 nach München bei Kinding die Altmühl.

Chronik

20. März 1858	Petition für eine Bahnlinie Weißenburg–Eichstätt–Ingolstadt–Freising auf Initiative Eichstätts.
5. Oktober 1863	Gesetz zur „Vervollständigung und weiteren Ausdehnung der bayerischen Staatsbahnen“ für den Bau der Bahnlinie München–Ingolstadt–Gunzenhausen/Pleinfeld.
14. November 1867	Eröffnung der Strecke München–Ingolstadt.
2. Oktober 1869	Eröffnung der Strecken Treuchtlingen–Gunzenhausen und Treuchtlingen–Pleinfeld.
12. April 1870	Eröffnung der Strecke Ingolstadt–Treuchtlingen.
1874–1876	Petitionen Eichstätts für eine Verbindungsbahn vom Bahnhof zur Stadt.
1879–1882	Projekt einer „Straßen-Lokomotiv-Bahn“.
21. April 1884	Lokalbahngesetz für den Bau der Lokalbahn Eichstätt.
15. September 1885	Eröffnung Eichstätt Bahnhof–Eichstätt Stadt (Schmalspur).
17. Juni 1896	Lokalbahngesetz für den Bau der Lokalbahn Eichstätt Stadt–Kinding.
7. November 1898	Eröffnung Eichstätt Stadt–Kinding (Schmalspur).
5. November 1929	Aufnahme des Güterverkehrs Kinding–Beilngries (Normalspur).
15. Mai 1930	Aufnahme des Normalspurbetriebs Kipfenberg–Kinding–Beilngries. Inbetriebnahme der neuen Bahnhöfe Kinding und Beilngries.
15. Dezember 1932	Aufnahme des Normalspurbetriebs Eichstätt Stadt–Kipfenberg.
6. Oktober 1934	Ende des Schmalspurbetriebs Eichstätt Bahnhof–Eichstätt Stadt.
7. Oktober 1934	Aufnahme des Normalspurbetriebs Eichstätt Bahnhof–Eichstätt Stadt.
2. Oktober 1955	Einstellung des Personenverkehrs Kipfenberg–Beilngries und des Güterverkehrs Kinding–Pfraundorf aus „technischen Gründen“.
29. Mai 1960	Einstellung des Personenverkehrs Eichstätt Stadt–Kipfenberg und des Güterverkehrs Pfraundorf–Beilngries.
1. Oktober 1970	Einstellung des Güterverkehrs Kipfenberg–Kinding.
2. Juni 1973	Einstellung des Güterverkehrs Eichstätt Stadt–Kipfenberg.
ab 1994	Verkauf sämtlicher Bahnanlagen in Eichstätt Stadt.
1. Januar 1996	Bayerische Eisenbahngesellschaft (BEG) für SPNV in Bayern zuständig.
2. Juni 1996	DB Regio gemäß VDV Betreiber der Eichstätter Nebenbahn bis 12. Dezember 2009.
10. Dezember 2006	Eröffnung Bahnhof Kinding (Altmühltal) für den Regionalverkehr an der Schnellfahrstrecke (München–)Ingolstadt–Nürnberg.
13. Dezember 2009	Bayerische Regiobahn (BRB) neuer Betreiber der Eichstätter Nebenbahn. Aktueller Verkehrsdurchführungsvertrag bis 2031.
14. Juli 2018	Einweihung des Eisenbahnparks Eichstätt Stadt.
9. Dezember 2018	Einweihung des barrierefreien Bahn-/Bussteigs Eichstätt Stadt.

Literatur

BERGSTEINER, LEONHARD: *Eisenbahnen im Altmühltal.* Nordhorn 1989.

DERS.: *Die Nebenbahn Eichstätt–Beilngries.* Nordhorn 1994.

DERS.: *Eichstätt–Beilngries,* Teil 2. In: *Neben- und Schmalspurbahnen in Deutschland,* Ergänzung 46, München 2004.

DERS.: *Eichstätt–Beilngries,* Teil 3. In: *Neben- und Schmalspurbahnen in Deutschland,* Ergänzung 47, München 2004.

DERS.: *Der Lokbahnhof Eichstätt,* Teile 1-5. In: *Deutsche Bahnbetriebswerke,* Ergänzungen 102, 103, 104, 116, 117. München 2014 ff.

DERS.: *Ingolstadt-Treuchtlingen: Reizvolle Magistrale.* In: *Eisenbahn Magazin 10/2020.* München 2020.

DERS.: *Eichstätt-Beilngries: Altmühlabwärts auf Meter- und Normalspur.* In: *Eisenbahn Magazin 11/2020.* München 2020.

DERS.: *Enges Tal, schmale Spur.* In: *ModellEisenBahner 11/2016.* Fürstenfeldbruck 2016.

DERS.: *Zielpunkt Altmühltal.* In: *ModellEisenBahner 8/2018.* Fürstenfeldbruck 2018.

DEUTSCHE REICHSBAHN: *Merkbuch für die Fahrzeuge der Reichsbahn, II. Schmalspurfahrzeuge.* Ausgabe 1932.

EBEL, JÜRGEN-U./HÖGEMANN, JOSEF/LÖTTGERS, DR. RUDOLF: *Schienenbusse aus Uerdingen,* Band 1 und 2. Freiburg 2002.

GÄCK, ANTON: *Die Eisenbahn im Altmühltal – sie war einmal.* Eichstätt 1976.

HOECHERL, ERNST: *Eichstätter Schmalspurbahn 1885-1934.* Egglham 1984.

KNIPPING, ANDREAS: *Die Baureihe 86.* Freiburg 1988.

DERS.: *Die Baureihe 70.* Freiburg 1998.

KURZ, HEINZ: *Triebwagen der Deutschen Reichsbahn. Die Baureihen VT 133 bis VT 137.* Freiburg 2013.

LÜDECKE, STEFFEN/SKRZYPNIK, HEINZ: *Die Lokomotiven der bayer. Reichsbahndirektionen und ihre Heimat-Betriebswerke.* München 1978.

LÜDECKE, STEFFEN: *Die Baureihe 98,* Band 1. Freiburg 1999.

DERS.: *Die Baureihe 98,* Band 2. Freiburg 2005.

MAIER, DR. OTMAR: *Der Anschluß Eichstätts an das bayerische Eisenbahnnetz.* Eichstätt 1929.

MARGGRAFF, HUGO: *Die Kgl. Bayerischen Staatseisenbahnen in geschichtlicher und statistischer Beziehung.* München 1894.

MELCHER, PETER: *Die Baureihe 64.* Freiburg 1988.

SCHNABEL, HEINRICH: *Lokomotiv-Archiv Bayern.* Berlin (Ost) 1987.

ZINTL, ROBERT: *Bayerische Nebenbahnen.* Stuttgart 1977.

Bayerisches Hauptstaatsarchiv, Abt. Verkehrsarchiv, München.

Stadtarchive Eichstätt und Ingolstadt.

Verkehrsarchiv Nürnberg.

Danksagung

Der Autor bedankt sich sehr herzlich bei allen Personen und Institutionen, die ihn mit Fotos und Informationen unterstützt bzw. im Rahmen der Recherche Archivmaterial und historische Dokumente zur Auswertung zur Verfügung gestellt haben.

Bildnachweis

Leonhard Bergsteiner: Einband vorn, S. 2, 7, 91 o, 136 o, 136 u, 137 o, 137 u, 138 u, 139 u, 140 o, 146 u, 147 o; Sammlung Leonhard Bergsteiner: Vorsatz, S. IV, 11 u,13 o, 13 u, 23 u, 25 u, 28 o, 29 u, 33 o, 33 u, 34 u, 39 u, 42 o, 42 u, 44 o, 44 u, 46 u, 49 u, 50 o, 50 u, 53 u, 59 u, 63 u, 65, 69 u, 70 u, 72 o, 75 u, 76 u, 77 u, 79 u, 81 u, 85 u, 89 u, 92 o, 96 u, 102 u, 111 o, 116, 123 u; Matthias Bergsteiner: S. 142 u, 147 u, 148 u; Stadtarchiv Ingolstadt: S. 14 u; Carl Bellingrodt/Slg. Leonhard Bergsteiner: S. 48 u, 112 u, 125 o, 126 u; Carl Bellingrodt/Slg. Brinker: S. 6, 91 u, 124 u, 125 u, 126 o, 128 u; Andreas Dollinger: S. 149 u; Peter Erdmann: S. 21 u, 111 u; Slg. Josef Ettle: S. 24 u, 27 o, 36 u; Slg. Armin Franzke: S. 110, 113, 115, 118; Anton Gäck/Slg. Leonhard Bergsteiner: S. 25 o, 55 o, 59 o, 94 u, 96 o/li, 120 u, 131 u, 132 o, 132 u; Rudolf Hager: S. 10, 84 u, 145, 148 o; Slg. Rudolf Hager: S. 20 u, 27 u, 29 o, 31, 41 u, 45 u, 47 o, 47 u, 55 u, 60 o, 68 u, 74 o, 74 u, 78 u, 82 u, 86 u, 93 u, 96 o/re, 109 u, 117 u, 127 u; Slg. Andreas Knipping: S. 60 u; Peter König: S. 4 o, 37 u, 57 o, 72 u; Gerhard Krauth/Slg. Leonhard Bergsteiner: S. 48 o, 129 u, 130 o, 130 u; Werkfoto Krauss/Slg. Leonhard Bergsteiner: S. 19 u, 32 u, 54 o, 63 o, 66 o; Werkfoto MAN/Slg. Leonhard Bergsteiner: S. 80 u; Hermann Maey/Slg. Leonhard Bergsteiner: S. 57 u, 64 o, 68 o, 71 u, 72 o; Hermann Maey/Slg. Brinker: S. 97 u; Dr. Edwart Mager/Slg. Leonhard Bergsteiner: S. 17 o, 17 u, 18, 54 u, 56, 101 u, 103 o, 135 u; Josef Mauerer: S. 141 u, 146 o, 149 o; Slg. Christoph Meier: S. 93 o; Otto Möhrlein/Slg. Leonhard Bergsteiner: S. 144; Kurt Müller/Slg. Leonhard Bergsteiner: S. 134 o, 134 u; Dr. Brian Rampp: S. 82 o, 84 o, 99 u, 101 o, 103 u, 104 u, 105 u, 106 u, 107 u; Dr. Günther Scheingraber/Slg. Leonhard Bergsteiner: S. 14 u, 119 u; Ernst Schörner/Slg. Leonhard Bergsteiner: S. 61 u, 64 u, 67 o, 104 o, 108 u, 121 u, 122 u, Einband hinten; www.eisenbahnarchiv.de: Ingo Ehrlich S. 141 o, 142 o, Nachsatz; www.eisenbahnarchiv.de: Klaus Ratzinger S. 140 u.

Mit uns